像红柳一样成长
羊口初中学校文化建设策略

陈 涛◎著

吉林出版集团股份有限公司
全国百佳图书出版单位

图书在版编目（CIP）数据

像红柳一样成长：羊口初中学校文化建设策略 / 陈涛著. -- 长春：吉林出版集团股份有限公司，2022.10
　ISBN 978-7-5731-2363-3

Ⅰ.①像… Ⅱ.①陈… Ⅲ.①中学－校园文化－建设－研究－寿光 Ⅳ.①G637

中国版本图书馆CIP数据核字（2022）第186618号

像红柳一样成长　羊口初中学校文化建设策略
XIANG HONGLIU YIYANG CHENGZHANG　YANGKOU CHUZHONG XUEXIAO WENHUA JIANSHE CELÜE

著　者	陈　涛
出 版 人	吴　强
责任编辑	马　刚
装帧设计	清　风
开　本	710mm×1000mm　1/16
印　张	8.75
字　数	97千字
版　次	2022年10月第1版
印　次	2022年10月第1次印刷
出　版	吉林出版集团股份有限公司
发　行	吉林音像出版社有限责任公司
	（吉林省长春市南关区福祉大路5788号）
电　话	0431-81629667
印　刷	三河市嵩川印刷有限公司

ISBN 978-7-5731-2363-3　定　价　48.00元

如发现印装质量问题，影响阅读，请与出版社联系调换。

前　言

　　文化是学校育人的灵魂。山东省寿光市羊口镇初级中学在原有的文化传承和学校特色的基础上，创造性地打造了崭新的学校文化价值系统——红柳文化。《像红柳一样成长——羊口初中学校文化建设策略》以该校文化建设的基本情况为素材，从红柳文化体系的建构、红柳文化校园的建设布置、基于课程标准"教学评一致性"下的差异教学模式构建、校本课程的推进实施，以及"红柳先锋 铸魂育人"党建品牌、"顺适教育"特色建设、德育建设的"方圆德育"管理、学校层面的精致管理、家校合作共育、教师队伍培养、学生发展的"五育并举"展开论述，详细展现了该校红柳文化的探索与实践过程，有系统的理论阐述、鲜活的案例支撑和具体的操作路径，以期给教育工作者在学校文化建设的践行方面提供具体可借鉴的完整蓝本。

目　录

第一章　根深苗壮绽芳华 ······ 001

　　打造"红柳先锋"党建品牌，落实立德树人根本任务 ······ 001

　　红柳点亮学子梦，立德树人做先锋 ······ 005

　　培植向上生长沃土，构建铸魂育人坐标 ······ 010

　　深化红柳先锋工程，催生学校发展新活力 ······ 016

　　坚持三个引领，推进党建与教育教学同向融合发展 ······ 019

第二章　发扬奉献精神，建设爱心校园 ······ 021

　　弘扬红柳精神，创建人民满意的教育 ······ 021

　　用红柳文化涵养特色校园 ······ 024

　　学校文化价值理念系统 ······ 027

　　"红色引擎"激活力，党建引领促发展 ······ 031

　　践行铸魂立德，培育"红柳之花" ······ 034

第三章　温馨温暖让师生走向幸福人生 ······ 041

　　铺筑校园温馨底色，搭建师生"幸福快车" ······ 041

　　托起学生自主发展的翅膀 ······ 049

　　通过优秀传统文化校本化研究，促成学生良好行为素养养成 ······ 052

社会主义核心价值进校园实效性研究 …………………………… 061

　　丰富育人模式，为学生健康成长护航 …………………………… 074

第四章　教育与人生规划相结合 ……………………………………… 078

　　为学生幸福人生奠基 ……………………………………………… 078

　　深化依法自主办学，催生内涵发展动力 ………………………… 083

　　办有根的学校，做适合的教育 …………………………………… 092

　　建设三支队伍，为优质教育夯实基础 …………………………… 101

第五章　构建和谐校园，提升学校管理内涵 ………………………… 105

　　构建高效管理生态，提升学校内涵品质 ………………………… 105

　　推进扁平化管理，助力高质量发展 ……………………………… 107

　　以差异教学为引领的探究之路 …………………………………… 118

　　差异教学及其教学策略的实践研究 ……………………………… 121

参考文献 ………………………………………………………………… 128

第一章　根深苗壮绽芳华

打造"红柳先锋"党建品牌，落实立德树人根本任务

红柳，纤细柔弱，其貌不扬，没有松柏的端庄，没有白杨的挺拔。可它不卑不亢，用自己的柔柔红艳装点茫茫寿北，如一簇簇火焰在灼灼燃烧，如一面面旗帜在猎猎飘扬。它不畏困难、直面挑战、勇于担当、无私奉献，红柳无言的诉说感动以及感染着羊口初中党支部近百名"红柳"人，扎根寿北盐碱滩，以扎实肯干的工作作风，全面落实立德树人根本任务，努力打造"红柳先锋"党建品牌。

一、聚焦"红柳先锋"引领，打造教育发展桥头堡

一个好的基层党组织就是一个坚强的堡垒。学校充分发挥"红柳"党支部的政治核心作用，把关定向，守住底线，架起红线，确保学校始终贯彻党的教育方针，始终坚持立德树人。一是建立规范的党支部议事规则程序。凡是涉及重大项目支出、中层干部竞聘、教师竞聘、职称评聘、评先树优等重大且师生关心、群众关注的问题，一律先经党支部研究讨论，再按程序决策，确保筑牢底线、把住方向。二是建立党建清单制度。建立好党支部、班子成员党建责任、任务、问题三个清单和集体研究事项清单，

使党建工作贯穿学校建设、教师选用和党员管理等各项工作中，努力推动党组织发挥作用制度化、规范化。完善党建工作台账，实行目标责任制，做到分工明确、责任到人，确保党建任务落到实处。三是充分发挥点评问效的导向作用。制定对党小组和党员的评价办法，积极开展党员评星定格活动。将评价指标与立德树人目标紧密结合，主要反映学生的成长变化和教书育人质量的提高，以及学生、家长和社会满意度是否得到切实提高，通过群众评、学生评、家长评等方式，每学期对党员从六个方面进行量化考核，以评价引导干部教师把党建工作与教育教学工作紧密融合。

二、搭建"红柳先锋"平台，甘当教书育人领头雁

一名优秀的共产党员就是一面鼓舞士气的鲜红旗帜。学校充分发挥党员的先锋模范作用，人人争当"红柳先锋"。一是开展"五带五争"活动。党员教师带头上好一节公开课，争当高效课堂的表率；带头抓好一个教研组，争当教学科研的表率；带头管理一个班级，争当勇挑重担的表率；带头帮扶一名学生，争当爱生如子的表率；带头联系一名教师，争当服务群众的表率。自活动开展以来，学校党员及入党积极分子共计联系22个班级，结对46名教师，帮扶104名八类群体学生，家访82人次，为教师、学生和家长解难题、办实事54件。二是深化开展"四比一做三满意"活动。通过比作风、比德能、比实干、比奉献，人人争做优秀共产党员和教学骨干，做到让学生满意、让家长满意、让社会满意。共产党员郝九俊在学校班主任师资匮乏的情况下，主动申请担任两个班级的班主任，在全校

率先进行班级自主管理模式的探索,所带班级班风正、学风浓,多次获评"先进班级"称号。三是开展"红柳先锋"评选活动。通过学校网站、校报等形式,组织师德标兵、优秀教师、优秀党员评选,每年再从中评选15名"红柳先锋"。该项活动提高了全体党员的政治觉悟和业务素质,形成了一支学习型、专家型、事业型的党员教师队伍,82%的党员成为班级管理和教育教学工作的骨干。

三、发挥"红柳先锋"作用,争做立德树人排头兵

围绕立德树人这一根本任务,强化党员教师关心学生、服务学生的意识,为学生搭建成长、成才的广阔舞台。一是以养成教育为抓手,培养学生良好习惯。扎实开展学生规范管理月活动,以行为规范教育、文明礼仪教育和理想信念教育为主线,通过光盘行动、"优胜班级"创建、"告别陋习,牵手文明"等活动,逐步提升学生自理、自立、自控能力,将文明元素、规范理念推进到学校的每个角落。二是推行"德育为先,以行聚德"教育模式。立足学生成长需求,以传统节日、纪念日及德育工作不同时期的主题为契机,把实践活动与生命教育、励志教育、生存技能等主题教育结合起来,不断拓展德育空间,提高育人实效。通过开展为家庭困难学生捐款、对残疾学生进行慰问帮扶等活动,帮助特殊群体学生和困难家庭,教育党员干部和广大师生。三是构建"一体两翼"自主管理体系。建立以学生自治委员会为主体、以班委会和学习小组共同体为两翼的学生自主管理模式,激发学生的集体荣誉感和主人翁意识,进一步拓宽学生进步

成长空间。

四、坚持"红柳先锋"导向，当好教育惠民火车头

教育即服务。兴办人民满意的教育，关键是打好服务牌。"红柳"党支部充分发挥教育惠民火车头作用，真心实意为群众解难题、办好事。一是实施"一线四项工作法"，做学生的导师。党员教师带头深入学生一线，走进学生家庭，通过学生家长通话法、八类群体学生家访法、问题学生访谈法、教师妈妈帮扶法，从习惯养成、兴趣特长、心理健康等方面为学生提供优质的教育服务，帮助学生解决生活和学习上的难题。深化全员育人导师制，全体党员全程参与，每名党员帮扶2名八类群体学生，为学生成长提供优质服务。二是开展"走千家，访万户"活动，做家长的朋友。全体党员干部教师走进每个学生家庭，了解学生、家长需求，学校专门编制"家校通话记录"和"导师家访记录卡"，将家校共建涉及的问题明确记录在案；本着"问计于民、问需于民"的目的，举行家长开放日活动，将家长反馈的意见和建议汇总、梳理，并制定相应的整改措施，切实解决家长关心的热点、难点问题。

"红柳先锋铸魂育人"党建品牌的创建催生了学校发展的强大动力。教师队伍建设成效显著，素质教育硕果累累，在省"七巧科技"竞赛、全国信息学奥赛、儿童青少年中国芯计算机表演赛中屡获佳绩；教育教学质量位列全市前茅，保持了连年持续提升的良好态势，办学社会满意度近100%；学校先后荣获"教育部全国特色教育先进单位""山东省绿

色学校""全国教育技术研究重点课题实验学校""潍坊市教学50强学校""寿光市教育教学质量先进单位""寿光市教书育人先进单位""寿光市素质教育实施先进单位"等称号。

红柳点亮学子梦，立德树人做先锋

羊口初中位于渤海莱州湾南畔、小清河入海口的羊口镇，建校以来，学校广大教职员工扎根农村、开拓进取，逐渐熔铸和形成了以团结和谐、自强不息、敬业奉献、求实创新为主要内涵的"红柳精神"。近年来，羊口初中党支部坚持以"红柳精神"铸魂，以"红柳文化"育人，引导激励党员和教师转作风、做表率、树形象，提升了党建工作质量，促进了学校发展。

一、背景与起因

羊口镇地处寿北，在广袤无垠的盐碱滩上生长着一种名为红柳的植物。红柳的伟大在于顽强，它以超常的韧性和忍耐力，不畏艰难、直面挑战，用坚韧的根基守护着一方土地，用红棕色的柳枝将寿北装点得亮丽而有生机。

学校的发展历程如同红柳一样具有坚韧不拔的生命力。建校之初，办学条件极为简陋，底子薄，基础差，广大干部师生迎难而上，奋发进取，像红柳一样坚韧顽强、吃苦肯干，"红柳精神"蔚然成风。因羊口镇地域面积广大，学生基础差异悬殊、师资力量较为薄弱日益成为制约学校发展的瓶颈，学校一度陷入停滞不前的困境。2007年，杨庄、卧铺、羊口三处学校合并成新的羊口初中，为学校发展注入了新的活力。尤其近几年，借力寿北开发欣欣向荣、朝气蓬勃的强势劲头，学校的办学水平和课堂效益显著提升，教育教学质量与综合督导评估成绩均跻身全市前列。学校发展虽几经沉浮、崎岖艰难，但仍然在干旱贫瘠的寿北发展壮大起来，其历程正如红柳一样坚毅、有韧性、不屈不挠。

学校师生身上呈现出如红柳一样的精神特质。红柳根可达10多米，耐风沙、干旱和盐碱，无论酷暑寒风还是冰霜雨雪，它都无所畏惧，与人勇于进取、自强不息的精神相似。在风沙肆虐时，红柳以其身躯护卫着身边的土地，不仅防风固沙，还用自己的绿意和红棕色的花枝装扮着苍茫大地，象征着敬业奉献、无怨无悔的精神。红柳如人，红柳精神充分体现了羊口初中干部师生的精神品质。他们扎根农村、艰苦创业、恪尽职守、默默奉献，不断开创羊口教育改革与发展的新局面。如今，团结和谐、自强不息、敬业奉献、求实创新的"红柳精神"成为羊口初中办学特色的标志性符号，以及羊口初中全体师生的精神财富和共同的价值取向。

二、做法与经过

第一，红柳精神铸师魂。红柳扎根寿北广袤无垠的盐碱滩，不畏风寒干旱，顽强茁壮生长，用火炬般燃烧的情怀，彰显出对生命的礼赞。羊口中学以打造学习型党支部为目标，弘扬"红柳精神"，拧紧思想和行动的"总开关"。大力倡树学习之风，扎实开展"两学一做"学习教育活动，增强党组织的创造力、凝聚力、战斗力。推出学习"菜单",精心设计主题,组织党员认真学习党章党规、党的方针政策、教育法律法规、习近平总书记系列重要讲话精神等文件,以科学理论武装头脑,指导实践,推动工作。规定每名党员每学期撰写不少于1万字的政治理论学习笔记,每学期研读一本教育著作,同时上交一篇学习心得感悟。倡导全体党员干部树立终身学习的理念,深刻领会、吃透精神,并在理论联系实际、学以致用上多下功夫,推动学习的经常化、制度化、规范化。开展卓有成效的"特色活动",建立红柳党员活动室,建设"红柳文化长廊""红柳图书角",通过开设红柳论坛、评选红柳之星等方式,使"红柳精神"成为学校文化建设的标志性符号,起到凝聚人心、鼓舞干劲、推动发展的作用。观看《感动中国人物颁奖典礼》《王伯祥》《周恩来的四个昼夜》等影片,举行新党员入党仪式,开展重温入党誓词等活动,引导党员干部加固精神防线,进一步提高政治定力。赴寿光市地方税务局羊口中心税务所等党建教育基地参观学习,进一步提高了全体党员干部干事创业的积极性和使命感。制作了刻有"讲民主、讲科学、讲管理、讲境界、讲效率"的警示台牌,放置在每名党员干部的办公桌上,让党员干部时刻铭记党员身份,自觉为师生做表率。通过开展"学雷锋义务劳动"、扶危济困爱心捐助、"关爱外来务工家庭子女"等志愿活动,塑造优秀形象,强化党员的服务意识、责任意识、奉献意识。

第二,党建领航强队伍。党支部以"做人民满意的教师,办人民满意的教育"目标,以"学为人师,行为示范"为准则,坚持师德与师能并举,着力打造一支师德高尚、能力卓著的优秀教师团队,从而保障学校始终在健康、持续的良性发展轨道上运行。以加强教师职业道德建设为重点，深入开展"重师德，树新风"教育活动。党支部牵头制定《羊口中学师德建设月活动方案》《羊口中学师德考核评价细则》等，提高教师依法施教、文明执教的自觉性。组织观看优秀教师视频，学习模范人物先进事迹。与每名教师签订师德承诺书，通过开展师德报告会，"依法治教、立德树人"大讨论，师德师风自查自纠"我最喜爱的教师"评选等活动，引导教师自觉提高师德修养，以良好的师德推动教风、学风、校风建设。坚持外学和内研两手抓，促进教师业务素质和育人水平全面提升。学校组织教师订阅教育教学类书刊，激励教师爱学、乐学、善学，做一名研究型教师。组织教师到昌乐二中等名校观摩学习，邀请市教研中心专家、课改名师到校培训指导，提高教师的专业水平。以校本研修为载体，以"课堂教学大比武"为平台，通过观课、赛课、磨课、评课等形式，搭建比能力、提素质、促成长的平台，让教师真正体验到成长的快乐、工作的幸福。

第三，党员如旗树先锋。首先，教育教学质量是学校的生命线。学校积极搭建党员活动平台，亮出党员身份，要求把党员的先锋模范作用发挥到教育教学工作中去。其次，做关爱学生的"导师"。党员带头参与"万名教师访万家"活动，比普通教师多访一名学生，把教育政策、学校管理规范传达到学生家里，并认真征求学生及家长的意见建议。最后，做教育教学的"主力军"。重视青年教师培养，抓好"青蓝工程"，发挥党员教师、骨干教师的传帮带作用，通过师徒结对，实现比翼齐飞、共同发展。持续性开展"一名党员一面旗帜"、创优争先活动，要求党员干部率先垂范，勇挑重担，带头参与学校管理，在教育教学和科研中发挥示范引领作用。广大党员教师强化科研意识、投身课改实践，率先上公开课、示范课，带头参加教研活动，在高效课堂构建中挑大梁、担重任，在教师队伍中进一步形成比学赶帮超的风气。特别是党员带头积极参与学校的差异化教学活动，对基础弱的学生有针对性地进行辅导，对基础好的学生再逐步进行提升，通过党员的积极带头参与，课堂教学取得了实效。

第四，党建引领育英才。坚持以"党建引领服务学生成长"为主线，紧紧把握立德树人这一根本任务，为学生搭建成长、成才的广阔舞台，有效提升了育人质量。建成科技类、艺体类、生活教育类等兴趣小组和学生社团，着力开发学生潜能与个性特长，为学生搭建多元化的发展平台。

三、探讨与启示

（一）找准契合点是实现党建工作与学校发展共赢的根本前提

红柳先锋是党员形象的优秀代表，将红柳先锋工程作为助推学校发展的切入点，从而带动教师队伍水平整体提升，进入快、有成效。通过扎实的工作，将发扬红柳精神与落实党的宗旨结合起来，不断增强基层党支部的凝聚力和战斗力，实现党建与教育教学同向融合、协调推进。

（二）充分发挥党员先锋的旗帜引领作用是学校改革发展的强力引擎

一所学校仅仅依靠几个优秀党员是远远不够的，必须拥有大量示范岗上的党员来发挥辐射引领作用，让每名优秀党员成为模范，使"先进"的特质内化入每一个教职员工的脊髓，带动引领广大师生乃至家长，多方协同合作，积极参与学校建设，从而实现"办人民满意的教育"的目的。

培植向上生长沃土，构建铸魂育人坐标

近年来，羊口初中党支部牢固树立"大教育"观，以"大党建"统领教育事业发展，坚持积极探索、因地制宜、分类指导、稳步推进的原则，瞄准思想引领、创新载体、强化队伍、完善机制，以扎实的党建工作作为抓好党风、教风、学风建设的重要载体，把党建活力转化为攻坚克难的动力，有效提振了全校师生的精气神，推动了学校事业更好、更快的发展。

一、坚持思想引领铸魂"补钙"，以"红色脉动"提振学习教育精气神

思想是行动的先导，价值是行为的标准。

第一，立足高站位，在补足"钙"这个基础上下功夫。学校党支部深入推进"两学一做"学习教育常态化、制度化，党员干部带头践行"四个合格"标准，带头强化党性修养，带头严格自律，带头担当负责，引导广大党员教师学有榜样、做有方向、赶有目标。广大党员把学习教育作为锤炼党性的基本功、必修课，主动"深学""实做"，深入查摆解决问题，严格落实组织生活各项制度，党支部成为教育党员的学校、团结群众的核心、攻坚克难的堡垒。

第二，立足高标准，在筑牢"魂"这个关键上下功夫。党支部始终

以兴办人民满意的教育为宗旨，结合地域历史文化和学校发展历程，将团结和谐、自强不息、敬业奉献、求实创新的"红柳精神"作为学校铸魂理念，按照"校级出精品、级部出特色、班级做普及"的原则，打造以"弘扬红柳精神，传承红柳文化"为宗旨的"红柳"品牌校园文化。以"传播红柳文化，培育人文精神"为宗旨，以"感悟大家，修身正行"为目的，开办"红柳大讲堂"；以"学习身边典范，传播弘扬正能量"为宗旨，对校内的优秀共产党员、优秀教师、优秀学生事迹进行总结，选树"红柳人物"；开展"红柳经典诵读"活动，鼓励师生以自编自创的形式来赞扬红柳、吟诵红柳，提升广大师生的科学精神和人文素养。通过开展多种形式的活动，不断挖掘红柳文化的精神内涵，丰富活动形式，体现社会主义精神文明特点和规律以及时代特征和学校特色，以实际行动回答好"培养什么样的人、怎样培养人、为谁培养人"的根本问题，为学校提供强有力的思想保证、政治保证和组织保证。

第三，立足高品质，在追求"融"这个目标上下功夫。以红色基因脉动学校奋进力量，深入推进以"目标责任制、党群联动制、党员导师制、点评问效制"为主要内容的党支部"四制工作法"，充分发挥党建工作统领作用，把党建工作与推动学校改革发展通盘考虑，和提升师生、家长满意度有机结合，与干部教师队伍建设同步推进，使办学活力得到充分激发。

二、坚持突出特色创新载体，以"立德树人"催生内涵发展新动力

紧抓立德树人这一根本任务，努力提升学校内涵创新发展。

第一，创设"差异化"教学模式，以党建引领育人质量提升。学校党组织根据学生知识结构、能力优势的不同，实施满足学生需求的教育。将学生划分为基础层、提升层，相同层次的学生在一个班级内上课，在课堂教学中，教师要充分考虑不同学生需要，根据课程标准的基本要求和学生学习实际情况，确定教学目标，选择一种符合学生发展的最优化教学模式，从而充分调动学生学习能动性，让每一名学生在每一节课都能有所收获，并在教学过程中进行动态调整，通过师生评价及学习、教研推进，延伸高效课堂，探索总结出学校精细化管理长效机制，全面推进教育精细化管理，催生比学赶超内动力，使全校师生的综合素质稳步提升。

第二，大力开展"全科大阅读"活动。为贯彻落实习近平总书记系列重要讲话精神，培育和践行社会主义核心价值观，弘扬伟大爱国主义精神，加强校园文化建设，党支部加强阅览室建设，打造温馨舒适的阅读环境，便于师生静读、乐读；制定阅读实施方案，确定时间、班级、合适书目，实现阅读递进；开展系列师生读书系列活动，以开展贴近师生、丰富多彩的主题活动为载体，在师生中深入推进社会主义核心价值体系教育，为学校师生全面发展注入精神动力。

第三，打造"无缝德育教育体系"，以党建引领道德素质提升。注重养成教育，建立并落实全员育人导师制度。把校本课程作为德育教育实

施的重要内容，组织骨干教师收集资料，研发、编写教材，在教学过程中进行课程整合及社会主义核心价值观知识渗透，将德育融入学科，内化于心。倡导"德育为先，以行聚德"理念，依托各类学生社团，结合传统节日、重要纪念日，广泛组织教育实践活动，发掘和整合地方资源，将实践活动与生命教育、励志教育、生存技能等专题教育结合起来，创设生动鲜活的社会大课堂，将德育融入活动，外化于行。将"敢于挑战、敢于超越、敢于担当"的羊口精神分解细化，由低到高、稳扎稳打对学生进行精神教育，将德育融入文化，固化于制。此外，通过开展反思文化活动，助推育人质量提升；实施"一线四法"，及时解决学生成长过程中的实际问题；扎实开展万名教师访万家活动，以"全员"德育健全学生成长；开展"微"德育筑牢学生品行根基，"美"德育涵养学生道德品格，不断探索德育工作的新方法、新途径。

三、坚持典型示范强化队伍，以"党员领航"助推师德学风新常态

比师德树形象、比学习强师能、比服务当先锋、比业绩做贡献。

第一，亮出党员身份，发挥示范作用。开展"党员教师亮身份，教育教学当先锋"活动，给每位党员定做了"共产党员先锋岗"标志牌，定制了小型的党旗和国旗，统一佩戴党员徽章，主动亮明党员身份，增强了党员教师的荣誉感和责任感，激励他们发挥先锋模范作用。实行党员导师制，通过传帮带，搭建青年教师快速成长的平台；成立了六个党小组，每

个党小组自主研究确定一项课题，党员导师任组长，扎实开展教育教学课题研究活动，促进了每个党员教师的共同进步。

第二，确定标杆榜样，增强发展动力。根据《实施寻标对标提标行动工作方案》的要求，以寿光市圣城中学、潍坊广文中学为赶超标杆，并制订了寻标对标提标达标工作计划，明确了任务目标、阶段安排和推进措施等。每位党员在校内和教育系统内确定了自己的赶超、学习标杆，制订出个人的比学赶超计划。通过对标学访学先进，找差距，切实增强了学校发展动力。

第三，实施奖惩管理，提供成长保障。不断完善激励机制，定期表彰立德树人标兵、青年教改先锋、优秀乡村青年教师等先进典型，实施"把骨干教师和学科带头人培养成党员、把党员教师培养成骨干教师和学科带头人"的"双培双带"工程，引导广大党员争做"四有"好教师。加强师德考核，完善学校、学生、家长、社会四位一体的师德监督体系，层层签订师德建设责任书，建立师德问题督办台账，逐一落实整改措施，为兴办优质教育树起道德高线、筑牢纪律底线。

四、坚持精细管理健全机制，以"四个机制"构建学校内涵发展强保障

完善学校制度建设，实施精细化管理，努力推进教育可持续发展。

第一，完善党建统筹机制。学校以党建工作统领工作全局，以党组织带群团组织，以党员带职工群众，坚持组织联建、队伍联抓、活动联推、

工作联动、阵地联用。在党支部的指导下，团组织举办入团宣誓、工会组织看望老党员、妇联组织"三八红旗手"评选等活动，提升了党群组织的号召力、凝聚力和向心力。

第二，完善家校合作机制。充分发挥"四会一核心一章程"的作用，全方位推进家校合作，形成育人合力。科学合理地制定了《学校章程》，实施依法办学。吸收社会各阶层参与学校办学理事会建设，实现自主与开放结合、民主与科学结合，保证了学校发展的正确方向。由干部、教师和家长等组成校务委员会，扩大了学校管理的范围，全面推进家校合作。

第三，完善培训提升机制。按照分级培训的原则，规范完善教育培训机制，分类、分层次地开展教育培训。对党员干部，突出民主集中制和党风、党纪教育，增强党性观念和廉洁自律意识；对党员教师，突出加强理想宗旨和敬业爱岗教育，增强党性，牢记宗旨，发扬无私奉献精神。通过多层次、立体式培训，克服固化思维局限，切实解决"两张皮"的问题，实现立德树人这一根本点上的协同发展。

第四，完善责任追究机制。开展以"一述四评三挂钩"为主要内容的点评问效活动，党支部书记向全体党员、教职工代表进行述职，开展对党支部书记、党员、重点项目和党建工作的四项满意度测评活动，将党建考核成绩纳入综合督导评估，与主要领导的绩效考核、评先树优和干部选拔使用挂钩。加大党建工作过程的监督力度，对党建工作认识不到位、思想不重视，造成工作被动或损失的，严肃追究有关人员责任。

深化红柳先锋工程，催生学校发展新活力

羊口初中党支部牢固树立"党建+"理念，将党建工作贯穿课堂改革、素质教育、队伍建设等各项工作中，做到同频共振、相融互促、协调推进，使党支部的政治核心和战斗堡垒作用不断增强，学校办学水平和教育教学质量稳步提升。

一、聚焦先锋引领，带活教育教学优质发展

第一，班子成员挂靠"红柳先锋"工程项目，铸就学校特色发展品牌。围绕学校中心工作，按需设项，明确责任主体、目标任务、推进方式、配套措施，解决学校在改革发展中遇到的困难和问题。支部书记亲自包靠学校特色品牌创建项目，经常深入课堂调研，通过研讨、点评、观课、磨课等形式，了解学科教学动态，掌控工作实情，提出指导性建议，学校被评为"全市品牌建设先进单位"。

第二，骨干教师领衔"红柳先锋"示范岗，铸就教育教学品牌。设岗定责，在全校范围内设立教学先锋岗、科研先锋岗、班主任先锋岗、育人先锋岗等党员示范岗，实现一人一岗、一人多岗，鼓励党员教师立足岗位树标杆、当先锋，充分发挥引导、带动和辐射作用。党员教师丁美云不惧年高，忘我工作，班里的刘晓杰父母离异后，一直跟随着父亲生活，丁老

师在思想上经常开导刘晓杰，在生活上经常照顾他，鼓励他积极参加集体活动，并且送给他生日礼物，让他感到教师就是亲人，刘晓杰渐渐变得开朗大方起来。丁老师用自己的爱心赢得了学生的尊敬、家长的信任，被学生们亲切地称为"教师妈妈"。

第三，名师领衔"红柳先锋"工作室，打造学校素质教育品牌。根据教师的才能特长组建工作室，开展丰富多彩的活动，提升学生的综合素养。党员教师吴增光领衔的阅读工作室注重课程架构、主题阅读、课题研究，努力构建多元化读书网络，从而提升学生的阅读能力和阅读水平。吴增光带领、指导广大语文教师深入研究，一边在实践中总结经验，一边把经验运用于教学实践，课题"以国学经典为特色的校本课程开发与实施研究""通过传统文化节日的校本化研究，促成学生良好行为习惯的养成"顺利结题。

二、架构活动平台，打造教育铁军排头兵

第一，开展"五亮五带五表率"活动。要求党员教师亮身份、亮职责、亮承诺、亮形象、亮业绩，全体党员教师以党员标准严格要求自己，在爱岗敬业、学校管理、课堂改革、党风廉政建设等方面走在教师前列。

第二，深化开展"四比一做三满意"活动。班主任工作最受累，党员教师领头干；课堂改革牛鼻子，党员教师带头牵；扶危济困捐款，党员干部行在先。张琪、王玉霞、张海舰、孙美春等一批青年教师迅速成长，在各级各类比赛中成绩突出，成为支撑学校教育教学发展的中坚力量。全

校教职工凝心聚力抓教学，全心全意提质量，荣获寿光市教学质量先进单位，教育教学工作赢得了家长的肯定和社会的赞誉。

三、坚持五育并举，引领学生成长成才

"求知先做人，立世品当先。"

在党支部的指导、策划下，学校积极探索优质、高效的课改之路，努力探索基于"教学评一致下"的差异课堂教学模式，使课堂成为学生张扬个性、快乐成长的舞台。一年来，涌现出了大批特长突出的学生，在艺体计算机等各类大赛中屡屡获奖。

四、坚持问题导向，打通服务群众"最后一公里"

党支部进一步完善工作机制，拓宽家校双向交流渠道，打破家校教育"围墙"，俯下身子、挑起担子、给家长铺好路子，真心实意为群众办实事、办好事、解难事，促进了学生成长、学校发展。

第一，请家长"参政"。制定《学生综合素质评价实施方案》，成立由家长组成的班级评价委员会和学校评价委员会，负责全校素质评价的监督，加强学生一日常规管理。成立家长委员会，邀请家长中的专业人士参与学校事务管理，学校大型会议和重要活动邀请家委会成员参加，让家长进入学校"管理层"，为学生管理和学校发展建言献策，真正成为学校的"同盟军"。

第二，以家长为镜。实施"一线"工作法，干部教师通千家、访百户，深入一线，深入家庭，及时了解学生和家长的需求，使学校更好地服务学生、家长。"敞开门"纳谏言，举行家长开放日活动，组织学生家长参观、座谈，并发放问卷调查表，使学生家长对学校的育人质量、师德师风、学生管理、规范办学等情况进行测评，重视群众诉求，健全首问负责、限时办结、办结回访、失职追究等制度，建立教育诉求督办台账，对学生及家长反映的问题重点督办，对征求的各方意见，能解决的立即解决；确有困难不能立即解决的，对原因做出合理解释，并承诺期限给予答复，做到"件件有落实，事事有回音"，让群众明白、满意。对于群众意见大的实际问题，校领导班子认真组织对照检查，对存在的问题及根源进行深入剖析，建立问题台账，逐项进行整改落实，使按期办结率和满意率均达到100%，赢得家长和社会各界的充分肯定。

坚持三个引领，推进党建与教育教学同向融合发展

一、坚持党建引领学校发展大局

学校被确定为全市教师层级发展试点学校，我们把《羊口初衷教师层级发展评定方案》先在党支部研究讨论，后提交教代会讨论，做到严格程序、规范运作。

二、坚持党建引领教师成长

围绕"做人民满意的教师，办人民满意的教育"这一目标，坚持师德与师能并举，打造师德高尚、能力卓著的优秀教师团队。一是倡树"红柳精神"，铸高尚师德。红柳扎根寿北盐碱滩，不畏风寒干旱，顽强茁壮生长。学校党支部引导党员教师弘扬"红柳精神"，铸就高尚师德。二是实施"一线四项工作法"，做学生导师。进一步深化全员育人导师制度，要求党员全程参与，每名党员帮扶2名八类群体学生，为学生成长提供优质服务。三是搞好传帮带，做教育教学的主力军。持续性开展"一名党员一面旗帜"活动。发挥党员教师、骨干教师的传帮带作用，党员教师率先上公开课、示范课，带头参加教研活动，在高效课堂构建中挑大梁、担重任。结合庆祝教师节，表彰优秀教师和先进党员，宣传曹光伟、王玉刚、郝久俊等先进党员、班主任的典型事迹，引领广大教师主动学习先进，争做"四有"好教师。发挥优秀党员名师的带动作用，积极开展学校差异化教学，努力使党员的先锋模范作用发挥在岗位上、体现在活动中。

第二章　发扬奉献精神，建设爱心校园

弘扬红柳精神，创建人民满意的教育

羊口中学人具有红柳的精神品质，为教育默默耕耘、无私奉献，将智慧和汗水播撒于这方热土。学校党支部提炼、升华红柳精神，以红柳精神铸魂，以红柳文化育人，激发广大师生事争一流、干事创业的热情，坚持立德树人，进取开拓，为学校持续健康科学发展提供了强大的精神动力。

一、"红柳"文化聚心智，构筑师生精神家园

将"红柳精神"融入校园文化，打造学校特色精神文化。学校积极开发红柳文化校本课程，以"红柳志教育情"为主题编印宣传画册，使红柳品牌文化得到广大师生的普遍认同，成为提振师生精气神、凝聚和塑造教师队伍的共同追求和信念。同时，充分利用黑板报、电子屏、标语横幅、主题班会、国旗下讲话等多渠道宣传"红柳精神"，发挥校园文化的熏陶功能，持久传递正能量，使"红柳精神"在潜移默化中深深根植于师生的脑海中，浸润他们的心田。

二、以红柳精神打造教师队伍

学校坚持以"红柳精神"引领师资队伍建设，凝聚和激励广大教师坚持立德树人，引导全体教师做"学高身正、教书育人"的楷模。

学校扎实开展"两学一做"学习教育活动，努力提升党员的政治思想素质，增强党组织的创造力、凝聚力、战斗力。除抓好"规定动作"外，学校党支部还灵活开展一系列丰富多彩、卓有成效的"自选动作"，进一步统一思想，坚定信念，提振全校党员教师的精气神。

近年来，在学校党支部的统一部署下，羊口中学以加强教师职业道德建设为重点，深入开展"重师德、铸师魂、展风采、树新风"教育活动，以良好师德推动教风、学风、校风建设。与此同时，学校坚持外学和内研两手抓，实现教师业务素质和育人水平全面提升。

三、红柳文化育英才

红柳具有坚韧、顽强、团结、奉献的品格，这正是广大羊口中学人的共同品格。羊口中学在学生中开展传承"红柳精神"，做文明学生的德育系列活动，用"红柳精神"教育引导学生成长、成才。

四、红柳情怀树形象

教育教学改革的推进需要开拓创新精神,而这也正是红柳精神的重要内涵之一。羊口中学所处的羊口镇位于渤海莱州湾南畔、小清河入海口,是一个以渔盐、化工为主的滨海小镇。学校党支部依托自然资源优势,将地域特色与学校文化积淀结合起来,指引师生不忘初心,砥砺前行。通过多种精神与行为文化载体,让师生在生活、学习中汲取红柳文化的精髓,培养团结协作、自强不息、勇于挑战、敢于超越等良好的道德品质,并将其转化为推进学校内涵发展的强大动力。

特色是学校创新发展的"硬道理"。羊口中学将"办好人民满意教育,创建品牌特色学校"作为一项重大课题,在党支部的引领下,学校领导班子紧紧抓牢特色项目建设,从学生需求、学校发展实际出发,努力经营,总结提炼,精心打造教育品牌,全面提升学校办学品位,让学校成为教师、学生成长的幸福家园。架构"顺适教育",从"尊重个体差异,面向每名学生"角度出发,给每一名学生最适合的教育。与此同时,通过全科大阅读工程建设,为师生全面发展和终身发展奠基。

潮平两岸阔,扬帆正当时。面对新形势、新要求、新挑战,学校党支部以红柳精神为统领,进一步解放思想,内强素质,外树形象,激发全校干部师生的浩然正气、昂扬锐气、蓬勃朝气,努力办好家长满意的教育,创建特色明、声誉佳、质量高的现代化精品学校。

用红柳文化涵养特色校园

羊口初中是2007年9月开办的一所省级规范化学校。学校占地140亩，建筑面积38988平方米。教师结构合理，富有朝气，素质精良。校园环境幽雅，别具景致，教学区、生活区、运动区布局合理，计算机教室、实验室、心理咨询室等均为高标准配备。

近年来，学校全面贯彻党的教育方针，以"规范+特色"作为校园文化建设的基本实施路径，对照全市中小学文化校园建设实施方案，全力打造"红柳文化"品牌，提升校园文化的育人价值。

一、凸显政治性与引领性，优化校园环境文化建设

育人之本在于立德铸魂。良好的校园环境文化建设对学生的健康成长起着重要作用。学校重视党建引领，按照"规范+特色"的实施路径，精心营造育人文化氛围，引导学生从小树立家国情怀，养成良好品德。

学校注重发挥校园文化元素的政治引领功能，对党的教育方针和要求、优秀传统文化、革命文化、科学文化、社会主义先进文化等方面的内容进行全面宣传，确保校园文化建设内容能突出政治引领。在教学楼、劳动实践基地、篮球场等醒目位置设置了庆祝建党100周年、党的教育方针等方面的宣传标语；在学校门口、办公室、教室、楼内走廊等显著位置展示

了社会主义核心价值观、文明校园等宣传内容，使学生在潜移默化中受到良好的思想道德教育，成为爱党、爱国的公民。

学校充分发挥"让每面墙壁都会说话，让每条走廊都能育人"的独特功能。在校园文化系统设计中，围绕党建文化、社会主义核心价值观和特色内涵三条主线，与学校"和而不同，各美其美"的校训相呼应，将红色元素与育人元素结合起来，构建融合式文化教育模式。强化育人阵地建设，打造红色文化长廊、党建文化长廊、社会主义核心价值观展室，打造教师和学生学教的思想高地，弘扬好文化，提振精气神。课间，学生徜徉其中，观摩党史人物，诵读英雄故事，每天耳濡目染，既陶冶了情操，又潜移默化地接受了党性文化教育。

二、坚持共性与个性统一，打造"红柳文化"品牌

学校在校园文化建设中坚持红柳文化元素的统一有序、美观和谐、循序渐进。加大校园美化绿化建设力度，做到了有小景，有鲜花，有草坪，有树木，校园内随处可见红柳元素。

为了展现红柳精神、办学理念等学校核心价值理念，学校新建了红柳书院、红柳广场等文化设施，建设了红柳林、党史展馆等文化景观，创设了红柳大讲堂，打造成多层次、立体式、全覆盖的交流展示平台，发现身边优秀的好典型，宣传先进事迹和优秀经验，立标杆、树榜样，发挥模范引领的作用。开发了"红柳文化"校本课程，并且以"红柳志·教育情"为主题，制作了文化版面，编印了宣传画册；引导党员亮身份、做承诺，

制作"红柳先锋岗"桌签和优秀党员展板，设置了"红柳情·中国梦"文化长廊，设立了"红柳图书角"，在每层楼道中央位置放置了红色经典图书供学生课余阅读；组织开展"红柳大讲堂""红柳先锋"事迹报告会、"红柳杯"师生书画比赛，以"红柳精神"凝聚人心、鼓舞士气，形成了春风化雨、润物无声、催人奋进的"正能量""强磁场"。

积极构建"成长树"课程体系。围绕"像红柳一样成长"的办学理念，将国家育人目标，即学生发展核心素养与学校育人目标相结合，基于学生的全面发展需要，研发"成长树"课程体系，打造"培根工程""育干工程""润叶工程"三大课程系统，打造国学、素养、创新、博雅等九类课程群落，从多个维度发掘学生的潜能与个性特长，助力学生全面成长、成才。

三、关爱师生，讲求实效，优化提升精神、行为、制度文化

学校始终坚持社会主义办学方向"第一阵地"的明确定位，以课题研究为引领，根据学校的发展历程、办学特色，对原有的学校教育理念重新梳理，丰富"像红柳一样成长"这一教育核心理念的内涵。将校训、校风、教风、学风在传承学校文化的基础上进行提炼，对校徽寓意进行了更深刻的阐释，形成了"和而不同，各美其美"的校训、"严谨勤奋 改革创新"校风、"德能并蓄 教学相长"的教风和"自主互助 明辨笃行"的学风。

学校积极践行社会主义核心价值观，弘扬中华优秀传统文化，围绕学生成长的多元化需求构建了具有学校特色的学生活动校历，形成了节日庆典类、主题活动类、仪式体验类三大体系。学校每年定期开展读书节、体

育节、艺术节、科技节等活动。利用入学、升旗、入团、毕业、纪念日等契机进行仪式教育，开展丰富多彩的德育主题教育活动，提升学生道德修养，促进学生综合素质全面发展。

学校重视现代学校制度建设，建立现代学校管理清单，加强"适为"管理。广泛征求师生员工的意见和建议，对原有的制度进行删、减、并、增，将评优评先等关系师生利益的制度进行梳理汇总，制定《教师发展性评价方案》《学生综合素质评价细则》等，引导师生规范行为，向善向美。

优化提升校园文化建设是一个长期、持续、综合的过程，学校将切实发挥校园文化建设在立德树人、三全育人和五育并举中的重要作用，紧紧围绕"学力扎实、身心健康、情趣高雅、品质优良"这一育人目标，落实好校园文化建设，促进学生核心素养发展。

学校文化价值理念系统

一、文化主题：红柳文化

红柳生长于风沙荒漠之处，耐干旱，抗盐碱。它不畏严寒侵袭，不怕烈日炙烤，不惧狂风肆虐，遍地生根、开花、结果。它生性坚韧、朔风难撼、默默无闻、不求索取，用执着书写奉献之歌。寂寞折射的是环境艰苦，清贫体现的是信念坚守，奉献反映的是价值追求。红柳凭借顽强且旺盛的生命力，在盐碱荒漠上擎起火红的信念和绿色的希望。

二、学校精神：红柳精神

学校广大教职工扎根农村、开拓进取，熔铸和形成以团结和谐、自强不息、敬业奉献、求实创新为主要内涵的"红柳精神"，成为羊口初中办学特色的标志性符号，以及全体师生的精神财富和共同的价值取向。

三、办学理念：像红柳一样成长

"像红柳一样成长"代表了学校的育人价值观。红柳的素养特质——向下扎根、向上生长、和谐共生，与中国中小学学生发展核心素养的三大方面——文化基础、自主发展、社会参与高度吻合。"向下扎根"是要像树根一样立足大地，扎根养育我们的热土，汲取人类精神养料和民族文化精髓；"向上生长"是要像树干一样昂扬向上；"和谐共生"就是要与环境、社会和谐相处，为人类幸福、为全球利益共荣共生。

四、办学目标：小清河畔的教育明珠　齐鲁大地的品牌名校

我们要围绕"全力办好人民满意教育"的总体目标，提高素质、增强本领、提升状态、强化担当，更加奋发有为、更加主动作为，全面提升教育教学质量和办学效益，建设高质量、现代化、有特色的一流学校。

五、校训：和而不同，各美其美

"和而不同"是针对群体而言的，语出《论语·子路》："君子和而不同，小人同而不和。"君子以和为准则，能容百物，善于听取不同意见，但不盲从附和。它是中国优秀传统文化的特质，也是一种教育智慧和教育使命。尊重差异，兼容并蓄，共存共荣，使每个人获得和谐而不拘一格的发展。

"各美其美"针对个体而言，为费孝通先生提出的观点，原句为："各美其美，美人之美，美美与共，天下大同。"每一个人都能发挥优势与长处，张扬个性，实现个人成长。创造适合的教育，激发每个学生的内驱力，开发其潜能，培养其特长，让全体师生各自成为独特的和最好的自己。

六、校风：严谨勤奋　改革创新

严密谨慎是一种治学、办事的态度，也是事业发展和学生成才的基石。严谨既是对做事的要求，也是对做人的要求。养成严谨的习惯会影响一个人的一生。无论是做学问、搞研究，还是教育学生，都要讲严谨，才能多出成果，少走弯路，才能教育出掌握正确的思维方法和严谨的做事态度的有用人才。勤奋是发展与成才的桥梁，是我们中华民族的优良传统和品德修养。勤就是要劳心劳力、锲而不舍；奋就是要有所作为、奋进不止。勤奋就是要求人们不懈地努力，锲而不舍，奋发图强。

改革，改变旧制度、旧事物，它是发展的强大动力，对旧有的管理系统、育人机制进行改良革新。创新精神是一个国家和民族发展的不竭动力，也是一个现代人应该具备的素质。它蕴含了一种唯新思维、求新意识、创造能力，一种与时俱进的精神状态和改革创新的时代精神，它要求师生不唯书、不唯上，坚持独立思考，敢为人先，标新立异，走出一条具有个性化之路。

七、教风：德能并蓄　教学相长

"德"是指道德、品行；"能"是指技能、技术。以德铸魂，以能立身，"德能并蓄"，指明了教师队伍建设的思路和方向，旨在激励广大教师在品德和技能两个方面不断提升自我，追求"双馨"的完美境界，成为师德高尚、技艺高超的教育者。展师德，强师能，教师的职业道德和教学素养并重发展，做新时代的"四有"好教师。"教学相长"出自《礼记·学记》："是故学然后知不足，教然后知困。知不足，然后能自反也；知困，然后能自强也。故曰：教学相长也。"意思是说，学习之后方能知道知识不足，教学之后才能知道知识匮乏；知道了自己的不足，才能更努力地学习；懂得了困难，就能自我勉励，然后自我上进。所以，教和学是相互促进的，教学相长是提高教学质量、促进教师专业成长的有效途径。

八、学风：自主互助　明辨笃行

"自主互助"是在新课程理念下新型的学习方式，意指既要静下心来自主思考和实践，也要善于与人合作，共同探究。《中庸》曰："博学之，审问之，慎思之，明辨之，笃行之。""明辨"倡导的是一种批判性思维学习，"笃行"就是始终如一、坚持不懈地朝着既定目标努力。

九、校徽

学校整个校徽的形状像一棵棵红柳树，象征"百年树人"，一方面紧扣"十年树木，百年树人"的理念，另一方面希望学生能够像红柳树一样，向下扎根、向上生长，与环境和谐共生。从造型上看，校徽又似一双爱的大手，托举起明天的太阳，寓意爱心育人，使莘莘学子在学校和家庭的共同教育与呵护中健康茁壮地成长。

"红色引擎"激活力，党建引领促发展

寿光市羊口镇初级中学始建于2007年，建校初期，学校发展相对薄弱，在羊口镇政府部门及教育部门的大力支持下，羊口镇初级中学党支部将抓好党建工作作为办学治校基本功，提炼以团结和谐、自强不息、敬业奉献、求实创新为内涵的"红柳精神"，创树"红柳先锋·铸魂育人"党建品牌。以红柳精神铸魂，以红柳文化育人，大力推进课改工程，激发了办学的内在活力，点燃了学校发展的"主引擎"，办学质量显著提升。

近年来，学校先后被授予潍坊市"中小学党建工作示范校"、潍坊市教育系统"党建品牌提升百所示范校"、寿光市"战疫育人先进党组织"、寿光市"先进基层党组织"。

一、扎牢"红柳之根",强化红色基因

学校党支部强化红色引领,不断完善党组织议事规则和决策程序,重大事项实行党研究前置制度,确保在"三重一大"事务中把握正确方向。推行党员岗位目标责任制,落实党员"先锋指数"评价管理制度,开展优秀党员先锋岗、师德标兵评选、活动创优争先等综合评价,引导党员教师自觉内省,激活"红色细胞"内在动力。

推进建立党员教师与一线教师"双向培养"提升机制,通过骨干带动一般、先进带动后进、党员带动普通,引领党员教师专业发展,逐步成长为教学、管理骨干,实现党建与队伍建设同步提升。为切实发挥党建工作在学校发展中的指引作用,将党小组建在年级部、教研组,重心下移、动态管理,教育教学工作与党建工作同研究、同布置、同推进、同落实,充分发挥党小组的职能作用,进一步强化学科建设。近三年,学校获得市级以上教学专业类荣誉60多项。

二、丰壮"红柳之干",发挥党员模范作用

为发挥党员模范作用,学校党支部在创客教育、课程开发、社团建设等项目设立红柳先锋岗,明确责任分工,激励岗位建功。

成立红柳学院,实施"青蓝工程"提升计划,要求每一名党员教师

结对帮带青年教师，发挥辐射引领作用，带动教师队伍素质整体提升。目前，学校已成立一支以35名骨干名师为引领的优秀教师团队。

三、繁茂"红柳之叶"，打破家校教育"围墙"

学校党支部打破家校教育"围墙"，开展家长民主评教，让家长参与师德考评，激发党员教师教书育人的积极性和责任心。挖掘社区和校外教育资源，组织"家长义工""特色家长"进校园，进一步满足不同类型学生的成长和求知需求。邀家长中的专业人士参与学校事务管理，家委会成员参加学校大型会议和重要活动，让家长真正成为学校的"同盟军"。

统筹开展校长接待日、校园开放日、"万名教师访万家"等活动，建立教育诉求督办台账，将家长反馈的意见和建议汇总、梳理、整改，切实解决群众关心的热点、难点问题。目前，师生家长对学校的支持力越来越强，学校连续两年社会满意度近100%。

四、护育"红柳之花"，强化践行红柳精神

学校加强"红柳文化"，除新建红柳书院、党建文化长廊等文化设施及景观外，还将红色元素与育人元素结合起来，开展"红柳大讲堂""红柳杯"师生书画比赛活动，激发了学生的学习兴趣和创新精神。

突出红色基因传承，学校通过红色影片进课堂、红色经典诵读、红色研学实践等途径，滋养家国情怀，培植"红色细胞"。围绕"像红柳一样成

长"的办学理念，党员骨干教师研发"成长树"课程体系，形成"培根工程""育干工程""润叶工程"等课程群落，助力学生全面成长、成才。

"红柳精神"现已成为学校办学精神的集中体现，以及激发活力、鼓舞力量、促进发展的强大动力，进一步推动了学校的发展。

践行铸魂立德，培育"红柳之花"

根据寿光市教体局《寿光市教育和体育局关于加强中小学德育工作的意见》通知，为进一步提高德育工作的针对性、实效性和创新性，结合学校实际情况，制定羊口镇初级中学德育工作实施方案。

一、校情学情分析

近年来，学校积极培育向下扎根、向上生长的"红柳文化"，努力探索实践适合每一名学生健康成长的"顺适教育"，将课堂改革和学生德育作为学校发展的突破口，促进了办学品质的提升和教育质量的提高。

寿光市羊口镇作为渔业、盐业特色小镇和工业重镇，人口的流动性较强，单亲家庭偏多，家长文化素质比较低，家长教育观念的滞后影响了学生良好行为习惯的养成和个性品质的发展。学校立足学生发展、德育管理、家校合育等方面，不断完善保障机制，畅通诉求渠道，发展特色优质教育。

二、工作目标

学校从实际出发，坚持育人为本，德育为先，把立德树人作为教育的根本目标，根据各年级学生身心发展的规律和差异，对学生的德育工作提出了不同的工作要求。

初中一年级作为起始年级，学校针对学生生理、心理、学习环境、学习容量、人际关系等发生的改变，积极施策，通过养成教育、心理辅导、学法指导、家校沟通等方式，使学生逐步摆脱心理波动，让学生平稳度过由小学到初中的适应期。

初中二年级是学生成长的重要分水岭，学校根据青春期学生的特点，通过"全员育人""学科渗透""活动育人""学生自治"等德育方略，营造健康和谐的校园氛围，把劳动教育、行为习惯、传统礼仪、公德意识和社会规范等做人最基本的内容纳入思想道德教育的重要范畴，使学生平稳度过初中的矛盾期。

初中三年级学生面临升学考试的压力，学校把刻苦学习、顽强进取等良好意志品质的培养和理想信念教育、人生规划教育作为德育工作的重要内容，使学生坦然度过选择期。

三、德育工作实施的主要途径和措施

（一）课程育人

课堂教学是学校德育的主渠道，是教师和学生沟通思想的主要场所，是德育的重要阵地。学校严格落实国家课程方案，开好课程，开足课时。各科教师结合教材内容和学科特点选好德育切入点，充分发挥学生的主体作用，把学科教学与思想道德教育、社会主义核心价值观、爱国主义教育有机结合，在传授文化知识过程中，实现学生道德品质提升的目的。

（二）文化育人

学校突出红柳文化熏陶，建设红色育人阵地。在校园文化系统建设中，强化育人阵地建设，打造红色文化长廊、党建长廊、社会主义核心价值观展室，将红色元素与育人元素相结合，构建融合式文化教育模式。

学校积极开展"和而不同，各美其美"的差异化教育，营造学生主动成长的文化氛围。同时，学校改善办学条件，建设精致优美的校园环境，让干净整洁的校园文化熏陶学生。

（三）活动、实践育人

学校充分利用重要时间节点开展主题教育活动，使常规教育与主题教育相结合，并将各项活动成果纳入学生综合素质评价。

一是开展以弘扬和培育民族精神为主线的德育工作，让社会主义核心价值观入脑入心。二是大力开展爱国主义教育和"做有道德的人""日行一善"等主题教育活动，在活动中引导学生树立正确的世界观、人生观和价值观。三是重视传统节日、节庆日、纪念日教育，通过国旗下讲话、主题班会、实践活动、认知卡、征文、演讲比赛、书画比赛、专题报告等形式实现活动育人的目的，增强学生的感恩意识和诚信品质。四是学校高度重视安全教育和心理健康教育。通过开展系列安全演练、隐患排查等活动培养学生的安全意识；通过开展心理健康教育讲座和心理健康咨询活动，使学生正确认识自己，正确看待成功与失败，正确面对生活中的挫折。五是积极开展法治教育。通过宣传栏、校园广播、国旗下讲话等形式对学生进行法治宣传，每学期邀请法治副校长举行一次以上法治教育报告会，不断增强学生学法、懂法、守法、用法的意识。六是积极进行环保教育，培养师生节水节能的意识和习惯。结合世界环境日、环保宣传日、植树节等节日组织多种形式的实践活动，积极参与环保宣传，使广大师生牢固树立环保观念和节约意识，过绿色低碳健康生活。

（四）管理育人

学校通过创新管理和严格要求，加强对学生组织性、纪律性和行为规范的教育。一是学生发展中心充分利用周会、班会、主题活动进行教育，强化学生遵规守纪意识和良好习惯养成。二是不断完善学校"两岗""四查""两细则"制度。"两岗"：学校领导干部值班岗、学生会值周岗；"四查"：查每个班级学生的纪律、卫生、仪表、间操；"两细则"：《学生一日常规管理细则》《班级管理评价细则》。通过一日常规检查评比，把学生常规量化记入个人综合素质评价和班级考核，增强制度的约束力。

（五）协调育人，积极构建社会、家庭、学校同步德育网

一是加强德育基地建设，扎实推进"名家进校园"工程，积极发掘各种社会德育资源。二是构建全社会共同关心，学校、家庭、社会多方参与的德育立体网络。通过家长委员会、家长会、电话、家校联系卡、致家长的信等增进教师与家长的沟通，指导家长开展家庭教育，加强教师与家长在德育工作上的配合。三是积极建设德育实践基地，让优质教育资源惠及每一名学生，强化德育效果。

（六）全员育人

一是根据学校《羊口中学"一线四法"全员育人导师制实施方案》，师生共同制订符合学生实际的成长计划和工作方案。二是履行导师职责，加强对"八类特殊群体学生"帮教，从导"学"走向导"育"，为学生健康成长导航。三是建立学生成长档案，及时追踪学生成长轨迹。加强对学生发展变化的关注和导师工作的绩效评价。四是坚持采取多元评价、过程评定以及终结性评价相结合，将学生成长轨迹纳入学生综合素质评价，将导师工作的绩效评价结果与教师的评优挂钩，每学期开展一次总结表彰大会。

四、条件保障

为适应新时代德育工作的有效开展，学校加强德育队伍建设，不断完善德育工作管理和考核制度，构建起德育有效实施和合理评价的运行机制。

（一）成立德育工作小组

成立由校长任组长，德育校长任副组长，级部主任、班主任、心理教师任成员的工作小组。

（二）加强师德建设，广泛开展以"廉洁从教、服务学生"为主题的教育活动

加强对教师的廉政教育、法治教育、遵纪守法教育、诚信教育，提高教师的职业道德修养，以为人师表、言传身教、率先垂范的实际行动，按照"四有好老师"的标准影响和教育学生。

（三）积极组建以班主任队伍为主体、全体教师积极配合的德育工作队伍

一是学校不断完善全员参与的管理机制，实施全员德育。学校全体教职工都是德育工作者，在不同岗位上担负起育人的职责。学校将教师德育成果纳入教师发展性评价方案和绩效考核，从制度上确保德育活动效果。二是加强德育问题研究。全体教师特别是班主任，要参与德育研究，针对学生成长中的新问题，积极探讨行之有效的管理办法，为更科学有效地开展工作打下基础。三是学期初与每一位教师签订师德承诺书，人人积极参与"全员德育"，重点推行"德育导师制""首遇负责制""课堂责任制"，提升德育效果。

（四）加强班主任教育和培训，组织班主任学习先进班级管理经验，提高班级管理水平

一是对班主任实行目标量化管理，增强班主任工作实效性，加强班主任日常工作考核。二是通过"走出去"和"引进来"两种途径，使广大班主任教师不断学习新的教育理念，增强德育工作的针对性和实效性。三是定期组织班级管理论坛，让优秀班主任分享班级治理经验，促进班主任队伍整体素质提高。

（五）加强学生会建设

充分发挥学生会在学校常规管理中的作用，增强学生的主人翁意识，提高学生自治和自理的能力，有效实现学生自主管理。学校对学生干部加强管理和培养，让优秀学生干部优先入团，在综合素质评价中对有关成果予以认定，在优秀学生评选中予以倾斜。

（六）根据学校实际进一步修改和完善各项管理制度

根据上学期各项常规制度试行情况，本学期将制定和完善部分管理制度，如《德育工作制度》《羊口初中就餐相关秩序规定》《晚休纪律要求及停宿规定》《学生一日常规管理细则》《班主任工作评价细则》《学生绿色惩戒制度》等多项制度。新制定和完善的各项常规制度将更符合学校实际情况，更利于操作，以及调动广大德育工作者的积极性、主动性和创造性。

第三章　温馨温暖让师生走向幸福人生

铺筑校园温馨底色，搭建师生"幸福快车"

羊口镇初级中学地处被誉为"莱州湾畔一颗璀璨的明珠"的"百年商埠渔盐水镇"——寿光市羊口镇，域内不仅有星罗棋布的盐田，还有塘头营寻古、七曲巷通幽、石器博物馆、天妃宫朝拜、始皇祭海处等自然人文胜迹，渔盐文化丰厚而富有特色。基于此，学校充分依托当地乡土教育资源富集优势，整合校本课程，开展综合实践活动，搭建学生的多元化发展平台，推进立德树人根本任务的实现。

近年来，学校将"顺适教育"特色品牌作为乡村温馨校园创建支点，以"顺应·适合"的思想统领教育教学改革，以"办有根的学校，做适合的教育"为发展愿景，注重因材施教，挖掘潜能，构筑适合师生的教育生态，实现学有所长、人尽其才，走出了一条立德树人引领下的农村学校差异化教育、个性化发展之路。

一、建造文化景园，诗意栖居

"让校园成为最美的风景。"秉承这一理念，学校对校园环境进行整体布局设计，着力营造优美、雅致、富有人文情趣和感染力的校园氛围，让校园不仅可观、可赏,而且宜居、宜学,既为师生的学习和生活提供良好的寄居空间,也为学生成长创设健康、温馨的育人环境。

(一)价值引领,驱动学校发展

红柳是寿光北部的一种标志性植被,它耐干旱、抗盐碱,生性坚韧,朔风难撼。学校将地域特色与学校文化深度融合,提炼出以团结和谐、自强不息、敬业奉献、求实创新为内涵的"红柳精神",成为羊口初中全体师生的精神财富和共同的价值取向,增强了学校的凝聚力和向心力,总结形成了"像红柳一样成长"的办学理念与"和而不同,各美其美"的校训,并将其作为建构学校文化体系的核心理念和文化基因,引领学校优质发展,追求卓越;引领教师享受教育,超越自我;引领学生快乐学习,幸福成长。

(二)文化浸润,凝聚教育"磁场"

学校通过文化项目的规划、"一班一品"班级文化的培育、楼宇文化与走廊文化的建设等,为师生量身打造了共享校园,让知识随处可见,让学习随时发生。学生着力构建五条特色长廊——社会主义核心价值观长廊、艺术长廊、科技长廊、教研文化长廊、乡土文化长廊,打造校园六景——共美苑、适美厅、乐美门、厚蕴墙、星光台、价值坊,建立"一堂(红柳大讲堂)二园(适学园、适才园)三台(大舞台、竞技台、演讲台)"特色文化体系,将资源放到离师生最近的地方,让校园的每个角落都驻存着文化、镌刻着精神。

二、打造求知学园，适教适学

学校存在的永恒价值是"为了学生的发展"。我们坚持把学生放在学校的正中央，从改革课堂形态、提升课堂生命质量入手，创建多元化育人平台，促进学生学习品质和素质能力的综合提升。

（一）开发校本课程，铺平发展跑道

学校聚焦学生综合素养提升，健全课程开发及实施运作机制，建立"成长树"课程体系，形成了"培根工程""育干工程""润叶工程"等课程群落。这些课程群落相互承接，有效融合，指向精神奠基、知能提升和素养拓展，让每一名学生都成为身心健康、品质优良、学力扎实、情趣高雅的人。每逢新学年开学，学生组织学生赶"课程大集"，学生根据自己的兴趣特长，选择自己喜爱的课程，让课程惠及所有学生。每学期为学生建立个人成长档案袋，收集保存学生参与活动的作品、奖状等个人成长资料，在学期末进行评比表彰，让学生获得自信心、成就感、幸福感。

（二）优化课堂生态，变革教学模式

学校依托潍坊"教学改进行动联盟校联盟"平台，推进课堂教学改革创新，实施学科分层走班教学，根据学生知识结构、能力优势的不同，重建合适的教学课程、选择合适的教学方法，通过集备分层、讲授分层、作业分层、辅导分层、评价分层，帮助不同层次的学生找到"最近发展区"。以构建高效课堂为主，开展基于课程标准的"教学评一致性"课堂行动研究，提高课堂教学的有效性，推动教学水平精致化，让学生真正成为课堂的主体，让课堂成为学生张扬个性、快乐成长的舞台。

（三）成立红柳书院，建设书香校园

以红柳书院为依托，构建新形态阅读方式，提升师生人文素养和文化底蕴。红柳书院占地面积约322平方米，上架适合师生阅读的图书共计6000余册，涵盖红色经典、中外名著、传统国学以及教辅资料等门类，满足师生个性化学习的需求。学校深层次推进全程、全员、全学科阅读，举办各类特色阅读和文化交流活动，开展经典诵读、主题讲座、名家进校园、读书沙龙等活动，使校园成为广大师生学习与交流的理想场所，引导师生爱读书、读好书，让阅读成为一种习惯，让校园弥漫书香。

三、打造成长乐园，各美其美

让学生成长、成才是学校育人的灵魂。学校以培育和践行社会主义核心价值观为主线，坚持育人机制再造，把实践活动与生命教育、励志教育、生存技能等主题教育结合起来，不断提高教书育人、立德树人的实效。

（一）多彩社团，砺品拓潜

为开发和培养学生的潜能与个性特长，学校建成了科技类、艺体类、文学创作类、生活教育类等学生们喜闻乐见的社团，为学生搭建发挥特长、锻炼能力的舞台。下午活动课，学生都会打破原来的班级界限，走进属于自己的"部落"：排球场上，垫传扣杀，英姿飒爽；音乐教室里，古筝宛转悠扬；"七彩"书画社、"清河扬帆"里泼墨挥毫；"巧手坊"里飞梭走线……丰富多彩的社团活动满足了学生各得其所、各展其能的需要，促进了学生的全面发展、快乐成长。

（二）立德树人，固本培元

生活即教育，社会即课堂。立足学生成长需求，我们倡导"德育为先，以行聚德"，将德育融入活动，外化于行。发掘和整合地方资源，让德育之花散发泥土的芬芳，促进知行转化，育品固德。每年正月十六，组织学生参加"羊口祭海节"，在"放海生"中培养他们回馈大海、感恩自然的情怀。开展"当一日渔民体验"活动，到渔港码头参观考察，到卫东盐场了解海盐生产过程，切身体验劳动者的艰辛。深入卫东化工厂，了解化工生产流程和环保知识。发起"保护小清河"的倡议，组织学生到小清河进行水质检测，让学生在今昔对比中认识环境保护的重要性、紧迫性。

四、创造温暖家园，共融共生

学校以服务师生为宗旨，以"家"的理念经营学校，体现以人为本，贯穿"和"的精神，促进师生潜能的释放和积极性的发挥，让每一名学生都能找到价值感和生长点，幸福地生活、学习、参与，从而真正成为学校的主人。

（一）全员适为，众行致远

通过问卷调查、家长座谈会，达成学校共同发展的目的，唤醒教师的能量和使命感。以精准评价提高激励效能，完善教师层级发展机制、绩效考核制度，落实涵盖静态与动态的多元评价机制，激活干部教师全员育人的教育细胞。倡导民主理事，创新"五步议事"，搭建对话平台，形成决策、执行、监督、评价四位一体运行机制，让教师承担起"当家做主"的责任，在学校有地位、有尊严、有心理归属感。

持续优化服务资源，提升人文管理情怀。食堂升级改造，进货全部采用全福元超市配送，实行刷卡自选就餐，让食堂吃出"家"的味道；投入44万余元在教室安装空调，改善学生的学习环境；由羊口镇华景热力有限公司统一供暖，学生宿舍楼建设8间淋浴房，让学生冬天在学校也能洗上热水澡；教学楼每个楼层配备2台电加热净化饮水机，供应充足的开水，让学生真正感受到热度和温度。

（二）德能并蓄，成就教师

只有幸福的教师才能教出幸福的学生。我们突出"教师发展无处不在"理念，关注教师成长的内生力、优质力，通过制度规范、目标引领、考核驱动等方式，促进教师发展趋向优秀和卓越，引领教师享受专业成长和事业成功带来的喜悦、幸福，让教师感觉"家"的关怀。通过开展"教师生日送祝福"活动，把温暖和关爱送到教师的心坎。关注教师身心健康，每年组织教师进行身体健康检查，并建立教师健康档案。通过举行趣味比赛、拓展训练、集体庆生，丰富教师课余生活，增强教师的职业幸福感和团队凝聚力。学校投资50万元，将闲置的学生公寓楼改建成单身教师周转宿舍，餐桌、衣柜、书橱等家具及空调、冰柜、电视、洗衣机等设施一应俱全，为乡村教师创造了良好的工作和生活环境。

（三）一线四法，精准育人

以发掘潜能、促进个性和谐发展为宗旨，学校实施全员育人导师制，将级部所有教师分配到具体班级，与学生结成帮扶对子，通过个性化、亲情化和全员化的教育模式，用心成就每一名学生，让教育更有温度。导师针对受导学生的不同特点,通过思想引导、学业辅导、生活指导、心理疏导,关注每名学生的学习和成长。为提高教师的工作实效,实施"一线四项工作法",干部教师深入学生和家庭一线,通过学生家长通话法、八类群体学生家访法、问题学生访谈法、教师妈妈帮扶法,帮助学生解决生活学习难题。四项活动从细处入手,从小事做起,走进学生生活,温暖学生心灵,使学生健康成长。

(四)家校合力,同频共振

学校创新涵养家庭教育大情怀,不断拓展育人的范围。挖掘社区和校外教育资源,组织"家长义工""特色家长"进校园,进一步满足不同类型学生成长和求知的需求。开展家长衔接教育活动,开设家长课程,落实菜单式培训,举行家庭教育报告会、新生家长培训会,让家长"学有所获,教有所依"。拓宽家校双向交流渠道,开展家长民主评教,邀请家长参与学校管理,通过校长接待日、校园开放日、"万名教师访万家"等途径,悉心聆听民声,引导家长参与到办学中来,形成家校互动、合力育人的良好格局。

五、践行温馨育人,幸福守望

近年来,学校努力推进乡村温馨校园创建,初步实现了学校与本土生态、人文的融合发展,育人环境优美,文化特色鲜明,学校教育教学质量和办学品质进一步提升,广大师生的幸福感进一步增强,学校正成为一所学生向往、教师乐业、家长满意、社会期待的现代化农村学校。

（一）学生多元发展

培育学生核心素养，使学生自主、生动、活泼地成长。学生学习兴趣、自信心提高，成为学习的主人，综合素质不断提高，个性特长得以充分发展。近几年，学校素质教育硕果累累，涌现出了大批特长突出的学生，在省"七巧科技"竞赛、全国信息学奥赛、儿童青少年中国芯计算机表演赛中屡屡获奖。2020年，学生300余人次在艺术、体育、科技等各级各类活动竞赛中斩获佳绩，其中，2020年9月，潍坊市首届创意编程与智能设计大赛创意编程初中组两获二等奖；12月，十八届全国中小学信息技术创新与实践大赛两获二等奖。

（二）教师收获成长

广大教师强内功，聚合力，提品质，教师队伍成长迅速，教育科研能力不断提高，涌现出一批德艺双馨的优秀教师和先进典型。近三年，学校教师获得市级以上教学专业类荣誉90多项，获评市级以上教学能手（学科带头人、立德树人标兵、优秀乡村青年教师）等称号22人次，形成了一批理念新、业务专、科研强、师德好的教师队伍。2018年，学校被评为"寿光市校本培训示范校"、寿光市"行风和教师队伍建设先进单位"。

（三）社会满意度提升

实现学校、家庭、社会协同配合，学校更好地服务学生、家长，师生、家长的支持力越来越强，连续三年办学满意度近100%，2017年被评为潍坊市"家庭教育工作示范校"、寿光市"十佳教育惠民特色学校"，2018年获评寿光市"优秀家长学校"，2019年被评为"寿光市群众满意学校"。

托起学生自主发展的翅膀

遵循学生成长规律,引导学生从多个维度提高综合素质是素质教育的必然要求。近年来,寿光市羊口中学坚持"像红柳一样成长"的核心办学理念,积极推行学生自主管理工作模式,为学生搭建自我教育和自主成长的舞台,教育教学水平和学生素质不断提升。

一、以养成教育为抓手,培植学生良好习惯

第一,播种一种行为,收获一种习惯。羊口中学从细节入手,加强习惯养成教育,重视日常规范落实,以良好的习惯为学生学习奠基。强化大课间跑操、做操,调动学生维护班集体的热情,提高班级管理水平。坚持"早、中、晚课前一支歌"活动,提高学生精气神和课堂效率。该校以行为规范教育、文明礼仪教育和理想信念教育为主线,开展"优胜班级"创建、"告别陋习,牵手文明""寻找最美学生"等系列主题活动,引导学生在活动中陶冶情感,在实践中实现知行转化,将外在规范内化为基本素质和自觉行为,逐步提升自理、自立、自控能力,从而形成良好的行为习惯、学习习惯,将文明元素、规范理念推进到学校的每个角落。

第二,生活即教育,社会即课堂。羊口中学立足学生成长需求,推行"德育为先,以行聚德"的德育模式,从而达到自主教育、自我完善的

目的。该校以主题教育为载体，扎实开展生动活泼、寓教于乐的活动。例如，针对学生挑食、浪费现象，在全校开展以"吃光盘中餐，聚集正能量"为主题的"光盘行动"。每次活动都会给学生一个思考、一种启示，如春雨润物般点点浸润学生心田，在潜移默化中影响学生。

二、构建"一体两翼"管理体系，让学生"当家做主"

学校构建绿色惩戒教育机制，学生民主制定班规班约，如《学生综合性素质评价实施办法》《文明班级评比细则》等制度。若违反校规校纪，学生会给自己开出"罚单"，可供学生选择的处理办法有："为班级做一件好事""表演一个文艺节目""坐在座位思过10分钟""写500字以上检讨书""背诵励志名言五则"等十几种。通过学生自开"罚单"，让管理从有形约束渐次演进为内在自律，有利于学生在惩戒过程中主动认识到自身错误，在自我反省、自我调整中不断进步。

为有效激发学生成长内驱力，使其更充分、更全面、更自由地发展，羊口中学在全校推行自主化管理，形成了以学生自治委员会为主体，以班委会、学习小组共同体为两翼的学生自主管理模式。在学校层面，成立学生自治委员会，下设安全纠察队、卫生督导队、文明礼仪监督岗等分支，对校园里的不文明现象进行提示、纠正；在班级层面，实行班主任助理制、轮值班长制、班务承包责任制，学习小组内设立学习部长、纪委书记、卫生部部长等多个职位，负责监督、检查本组学生的日常表现，从而使每名学生在班级中都找到合适的位置，担当成功的角色，形成"人人有事做，事事有人做"的管理格局。通过自主管理，将学生良好的个性品质当作一种资源开发，变"我被管"为"我要管"，激发了学生的集体荣誉感和主人翁意识，使学生真正成为学校的主人。

三、依托课程改革，打造学生成长"绿色通道"

课堂上，学生或热烈讨论，或手持教鞭侃侃而谈，或凝神静思，或奋笔疾书……教师坚持"沉默是金"，学生却学得热火朝天。这是在羊口中学"教学评一致性"课堂教学模式下呈现的情景。近年来，学校积极探索优质、高效的课改之路，经过摸索实践，形成差异化课堂教学模式：该模式将课堂关注点由教学策略和教学方法转向学生的学习方式和学习品质，将学习的主动权还给学生，充分发挥学生的自主性、能动性和创造性，真正做到"低负高效，智慧学习"。在这样的生态化教学模式下，学生成为课堂的主角，学习充满智慧的挑战，课堂成为张扬个性、快乐成长的舞台。

为开发学生潜能与个性特长，学校建成科技类、艺体类、文学创作类、生活教育类等多个学生社团。社团管理采用教师引导、学生自治的模式，从方案设计、职责分工到活动组织由学生独立完成，充分调动学生参与的积极性和主动性，为学生成长成才开辟了广阔天地。每天下午活动课，学生都会打破原来的班级界限，兴致勃勃地走进属于自己的"部落"开展活动。该校利用地处渔业重镇羊口的优势，把渔网编织技术纳入校本课程，并组建成立了海风网社。目前，很多学生已经熟练掌握了网绳编织的相关技巧，成了家里的技术能手。丰富多彩的社团已成为莘莘学子的梦想剧场、成长成才的幸福乐园。

通过优秀传统文化校本化研究，促成学生良好行为素养养成

一、问题的提出及解决的主要问题

中国人谈起自己民族的历史，向来都会很自豪地宣称拥有"上下5000年"的文明。然而，随着现代化和国际化进程的深入，越来越多的传统习俗正在被人们遗忘。这也意味着越来越多的中国原生文明正悄悄地离现代中国人越来越远，中华文化的根在渐渐消失，人们日益处于"既找不到自己的根，又抓不住外来文化精髓"的尴尬境地。

由于现今快节奏的生活方式，学生对优秀传统文化知识知之甚少，并且，学校流动学生、留守儿童较多，更是缺乏生活中的实践体验。加之如今面对社会上洋节越过越热闹，传统节日却备受冷落的现状，我们不禁感到一种精神上的失落。中共十六大报告中曾指出："面对世界范围各种思想文化的相互激荡，必须把弘扬和培育民族精神作为文化建设极为重要的任务，纳入国民教育全过程，纳入精神文明建设全过程，使全体人民始终保持昂扬向上的精神状态。"因为"只有民族的，才是世界的"。所以，我们认为，即使到了21世纪，我们仍然要把握传统文化的内涵，而且要在积极参与中获得对传统节日历史文化精髓的认同，通过传统节日这个窗

口，学习、继承和弘扬中华民族的优秀传统文化，让我们的学生在灵魂深处夯筑起民族文化殿堂的基础，提高学生的人文素养。

基于以上思考，我们提出了以优秀传统文化为主题的课题研究。通过加深学生对传统文化的认识和理解，开展各种与传统文化相关的活动，旨在集结能让学生感受传统文化魅力的校本课程，积累各种活动方案，促成学生良好行为习惯的养成。

因此，学校结合教育教学实际，努力构建符合中学生身心发展特点的、明确具体的社会主义核心价值体系教育的目标、内容和评价体系，在"如何针对学校学生身心发展规律，科学、有序、有效地将优秀传统文化融入学校德育教育的全过程"中进行了一些尝试，形成了自己的一些做法，并着重解决以下问题。

第一，引导学生养成良好的生活习惯、学习习惯，懂得基本的文明礼仪，知道关爱同学、关心集体、尊敬师长，懂合作、善交流、知分享、晓礼让。

第二，引导学生感知我国优秀传统文化的博大精深，以古鉴今，从培养良好行为习惯入手，要求学生从自我做起，让学生爱国、爱家，尊师长、孝父母、明礼仪、讲诚信、晓善恶、懂荣辱。

第三，深入开展中华传统美德教育。让学生树立正确的世界观、人生观、价值观，能分清是非、善恶、丑美，能模范遵守《中学生守则》和《中学生日常行为规范》。

二、解决问题的过程与方法

（一）解决问题的过程

计划阶段　主要内容　考核指标　成果

准备阶段：制定《课题研究实施方案》，形成《课题研究实施方案》。

启动阶段：制订《课题研究实施计划》收集整理课题研究材料，形成《课题研究实施计划》，准备研究材料。

实施阶段：形成《传统节日》校本课程，并实施教学《传统节日》校本课程、教案集、案例征集、学生成果征集。

总结与结题阶段：形成《课题研究总结报告》《课题研究总结报告》。

（二）解决问题的研究方法

本课题在研究过程中主要采用调查法、预案法、行动研究法、个案研究法和经验总结法等研究方法。对于每个节日，教师可提供以下几个研究角度，学生按照组内分工进行研究：①传统节日的起源或传说；②关于传统节日的史书记载；③传统节日的旧民俗与新民俗之比较；④传统节日的饮食文化；⑤传统节日民俗的地方特色，要突出本地，兼顾外地；⑥传统节日与文学作品、民谣；⑦与外国类似节日民俗作比较；⑧传统节日的社会功能及向国外的传播意义。

三、课题研究的目的与意义

（1）通过对优秀传统文化的了解，亲近优秀传统文化，吸收优秀传统文化的精华，夯实学生的文化底蕴，提高学生的人文素养，促成学生良好行为习惯的养成。

（2）通过对优秀传统文化、民俗习惯的了解，积极开展各种综合活动，鼓励学生积极主动地参与其中，感受节日的魅力，提高学生自主进行综合活动的能力。

（3）通过课内外的实践活动，发掘一些中华民族优秀传统文化节日的深刻内涵，激发学生对中国优秀传统节日文化内涵的热爱和认同感，陶冶情操，增强民族自豪感和自尊心。

（4）通过对中国优秀传统文化节日的研究，让学生学会沟通、理解，提高学生的语言表达能力、创造思维能力和组织交际能力。

（5）通过对中国优秀传统文化节日的研究，让学生学会开发利用校内外教学资源，提高学生收集、处理信息的能力。

四、主要活动开展情况

优秀传统文化教育是学校德育教育必不可少的一部分，是进行素质教育的主阵地，经过多年的教学实践，学校总结出了优秀传统文化教育的系列有效活动，并以课题研究为契机，通过对优秀传统文化中的节日教育，在春节、元宵节、清明节、端午节、中秋节、重阳节期间开展系列价值教育活动。在此，我们集中了个人在研究期间的阶段性做法展现给大家，勉强看作"研究日记"吧。希望您在分享的同时，能获得些许感触。只有这样，我们的付出才更有意义。

（一）春节、元宵节传统文化教育系列活动

（1）以"春节习俗"和"元宵之和"为主题的手抄报制作活动。

（2）节日感恩活动：让学生从当一天家、帮助父母打扫一次家庭卫生、对父母说一句感谢的话、向长辈拜一次年、参加一次社会公益活动五个活动中学会感恩。

（3）春节春联、诗词征集：元宵节灯谜、诗词征集活动，旨在让学生体会我国传统文化的博大精深。

（4）压岁钱使用计划书：让学生制定一份《压岁钱使用计划书》，规划好压岁钱的用途，将钱用在最合理、最需要的地方，节约每一分钱，体会父母赚钱养家的不易，从而倡导爱心消费，培养现代金融意识，并学好当家理财的本领。

（5）社区志愿活动：以村/居委为单位，让学生参加一项有意义的社区志愿活动（可以打扫街道卫生、帮助孤寡老人整理院落、宣传破除迷信思想等）。

（6）数码照片征集：捕捉感恩父母、孝老爱亲，以及春节期间让你感到惊喜、感动、温馨、新鲜的画面等。

（二）清明节优秀传统文化教育系列活动

（1）举行新团员入团宣誓仪式。通过入团仪式，使学生们牢记今天的青春誓言，不辜负父母、教师的期望，崇尚科学，追求真知，为团旗增辉增色，为早日成为国家栋梁之材而努力学习。

（2）开展"追踪先烈足迹"活动。让学生了解调查所在的村镇（居委）有关革命先烈、英模人物的事迹材料，并发表自己的感想。

（3）安排学生利用清明节假期观看一部有教育意义的爱国主义电影，并且撰写了观后感。慎终追远、弘扬传统、报效祖国，争做有道德的人。弘扬优秀传统文化精神，抒发继承先烈遗志、珍惜幸福生活、立志报效祖国的志向和情怀。

（4）举行了以"缅怀革命先烈、传承民族精神"为主题的手抄报活动。鼓励学生们以手抄报的形式进行革命故事收集，弘扬民族精神，激励学生珍惜当前、奋发图强。

（5）广泛开展了"网上祭英烈"活动。专门下发《羊口中学关于清明节期间登录潍坊文明网参与"网上祭英烈"活动的通知》，对学生在校和在家祭英烈活动做了具体要求，引导学生在中国文明网未成年人频道、央视网科教频道等新闻网站参与网上祭拜，撰写感言体会，增进热爱祖国、热爱人民、热爱中华民族的情感。

（6）了解清明习俗活动，学生通过填写活动卡，明确清明节的由来、故事传说、有关诗词、民俗民风知识，让学生在参与中亲身感受优秀传统文化的魅力。

（三）端午节优秀传统文化教育系列活动

（1）以"端午节风俗"为主题。以手抄报的形式收集有关端午节风俗的知识，目的是通过手抄报的制作和展评让学生了解传统节日的内涵。

（2）端午节问卷调查：根据问卷调查的内容，看看学生们对于端午知多少，也可以由此向学生们普及端午知识。

（3）民俗照片征集：让学生把在节日期间与端午民俗民风有关的画面拍摄下来。

（4）价值教育实践活动卡：学生通过填写活动卡，明确端午节的由来、故事传说、有关诗词、民俗民风知识，让学生在参与中亲身感受优秀传统文化的魅力。

（四）中秋节优秀传统文化教育系列活动

（1）以"月圆话中秋"为主题。以手抄报的形式收集有关中秋节风俗的知识，目的是通过手抄报的制作和展评让学生了解传统节日的内涵。

（2）价值教育实践活动卡：学生通过填写活动卡，明确中秋节的由来、故事传说、有关诗词、民俗民风知识，让学生在参与中亲身感受优秀传统文化的魅力。

（3）学生通过填写"父母为你做过什么、你对父母做过什么、你认为应怎样感谢父母、并以书信的形式把想给父母的心里话写出来"等内容，目的是通过此次活动让学生懂得感恩。

（五）重阳节优秀传统文化教育系列活动

（1）以"爱在重阳"为主题。用自己或是收集来的资料互相交流重阳节的传统习俗及敬老的感人故事。

（2）"爱在重阳节"主题实践活动卡，通过实际行动，对尊敬老人的行为进行正能量的传递。

（3）优秀团员组成志愿者走访当地孤寡失独老人。

五、课题研究成果

学校开展"通过优秀传统文化的校本化研究，促成学生良好行为素养"课题研究以来，实施了较为科学的研究策略，基本实现了预期目标，挖掘了优秀传统文化节日的内涵，开展了主题实践活动，丰富了校内与校外文化生活，锻炼了教师队伍，使学生具有良好的行为习惯。

（一）编撰校本教材，使优秀传统文化教育进课堂

传统节日作为中华民族文化的重要遗产，在当代社会具有重要的传承传统文明的功用。中华文明博大精深，传统深邃厚重，形成了中国人尊重传统及自觉承续传统的文化习惯。学校课题研究组的成员充分重视对传统节日的传承与保护，通过多种途径收集资料，挖掘传统节日的内涵，编写了羊口初中《中国传统节日文化》校本教材，使传统节日教育进课堂。组织学生开展传统节日主题实践活动，不仅传承和保护了优秀传统文化，而且感悟着优秀传统文化的魅力，使学生学会思考、学会尊重、学会感恩、学会做人，形成正确的人生观、价值观，影响学生的意识，形成良好的行为习惯。

（二）通过课题研究，提高了教师的业务素质

课题研究是校本研究的主要方式之一，是提高教师专业素养、提高课堂效率、提高学校办学层次最有效的途径。开展课题研究能够促进教师教育理论学习，推动理论与实践相联系，增进对教育教学的兴趣，教师科研意识逐步增强，科研水平不断提高。教师是教育的先导，通过传统节日课题研究，增强了教师传承优秀传统文化的责任感与使命感，教师对优秀传统文化了如指掌，进一步了解其来源，挖掘其内容，探究其发展，文化底蕴进一步提高，促进了教师从观念到行动的转化和提高，进而影响学生的观念及行动，促使其良好行为习惯的养成。营造了学校浓郁的学习研究氛

围，教师团队更加和谐、凝聚力更强、教师队伍迅速成长。教师队伍的成长带动了教学质量的提高，提升了学校优秀传统文化教育校本课程建设的水平，并推动了学校的整体发展，多年来，学校的教育教学质量始终位于全市前列。

（三）开展主题实践活动，促进学生良好行为习惯的养成

"播种行为，就收获习惯；播种习惯，就收获性格；播种性格，就收获命运。"这一育人哲理道出了培养行为习惯的重要性。良好的行为习惯是促进一个人健康成长的重要条件，是健全人格形成的基础。习惯有好坏之分，好习惯终身受其益，坏习惯终身受其累。多一个好习惯，就多一份自信；多一份好习惯，就多一份成功的机会；多一份好习惯，就多一份享受生活的能力。根据每个传统节日的特点，学生组织了不同的主题实践教育活动，培养学生行为习惯。如春节安排以敬老爱老"孝"为主题实践活动，要求学生在家日行一善，每天能够在家帮助父母，培养学生敬老爱老的行为习惯。端午节开展净化美化环境主题实践活动，过卫生端午。组织学生在公共场所、重点街道和路段，对随地吐痰、乱扔废弃物等有损市容环境卫生的不文明行为进行劝阻和教育，增强人们的生态文明意识，创造整洁优美的城乡环境，也使学生养成良好的行为习惯。

（四）学生良好习惯的养成得到家长和社会的认可

"学生喜欢、家长满意、社会认可"是学校发展永远不变的宗旨，学校教育的成功主要在于全民素质的提高，以及良好社会风气的形成。初中阶段的学生正处于青春发育期，不论身体还是心理都发生较大变化，形成什么样的行为习惯将会影响学生的人生观和价值观，对学生的未来成长起关键作用。通过开展课题研究，组织学生以传统节日为契机开展主题实践活动，学生在节假日期间能主动帮助父母、孝敬长辈、参加实践活动，学习、读书、做作业的时间多了，玩手机、上网打游戏的时间少了，学生行为习惯的改变得到了家长的认可，获了社会的好评，家长满意度上升为100%。

社会主义核心价值进校园实效性研究

一、问题的提出及解决的主要问题

当前，学生的价值观念正日趋多元。据一项调查反映，在回答"一个人的价值取决于什么"问题时，一部分学生选择了"金钱的多少""权力的大小""社会名望的高低""生活是否舒适、潇洒"，有部分学生不同意"奉献是人生最大的快乐"，不少学生择业时主要考虑有利于个人发展或"为了实现自我设计"。这就暴露出一个很关键的问题，即核心价值的迷失。对此，德育工作者应当引起重视，并应当思考：对青少年——未来社会主义建设的生力军，学校教育应该倡导什么？应该高举什么样的精神旗帜？

为此，党的十七大报告中提出要求：在中小学德育工作中建设社会主义核心价值体系。在具体的实践中，要有计划、有步骤地对学生进行由浅入深、由具体事例到理论阐述的社会主义核心价值观教育，使青少年从小就养成基本的道德素质，逐步树立正确的世界观、人生观、历史观、价值观、道德观、荣辱观，分清是非、善恶、美丑，明确应有的价值取向、行为准则和道德规范，为全面贯彻落实党的教育方针，把受教育者真正培养成德智体美全面发展的社会主义建设者和接班人奠定思想品德基础。

在此基础上，党的十八大报告进一步指出，"倡导富强、民主、文明、和谐，倡导自由、平等、公正、法治，倡导爱国、敬业、诚信、友善，积极培育和践行社会主义核心价值观"。社会主义核心价值观是社会主义核心价值体系的内核，体现出社会主义核心价值体系的根本性质和基本特征，反映出社会主义核心价值体系的丰富内涵和实践要求，是社会主义核心价值体系的高度凝练和集中表达。

因此，学校结合教育教学实际，努力构建符合中学生身心发展特点的、明确具体的社会主义核心价值体系教育的目标、内容和评价体系，在"如何针对学校学生身心发展规律，科学、有序、有效地将社会主义核心价值体系融入学校德育教育的全过程"中进行了一些尝试，形成了自己的一些做法，并着重解决以下问题。

（1）引导学生养成良好的生活、学习习惯，懂得基本的文明礼仪，知道关爱同学、关心集体、尊敬师长、懂合作、善交流、知分享、晓礼让。

（2）引导学生感知社会主义核心价值观体系的基本内容。从培养良好行为习惯入手，要求学生从我做起，让学生爱国、爱家，尊师长、孝父母、明礼仪、讲诚信、晓善恶、懂荣辱。

（3）教育学生深入学习社会主义核心价值观的内容，从感恩教育入手，深入开展中华传统美德和革命传统教育。让学生树立正确的世界观、人生观、价值观，能分清是非、善恶、丑美，能模范遵守《中学生守则》和《中学生日常行为规范》。

二、解决问题的过程与方法

（一）解决问题的过程

（1）起步阶段：成立机构，更新理念，明确目标，组织实施。成立课题小组，细化分工职责。在学校领导的关怀下，我们成立了课题研究小组。小组成员既有学校领导，又有普通教师；既有处室工作人员，又有一线班主任教师，可以说是聚集了学校教育教学管理等方方面面的骨干。从研究的目的、方法、意义和影响等方面全面动员，积极组织有关人员、相关教师参与其中。确保思想上重视，行动上积极。课题组长、副组长负责人员的组织、任务的分解、责任的分工，以及负责和参与研究各部门的联系工作。确定课题小组、研究方案、研究内容、实施步骤、研究方法。更新教育理念，努力加强学习，不断进行交流，积极总结得失，提高认识，提升觉悟，积极深入开展课题研究。

（2）攻坚阶段：分工推进，整理归类，定期交流。分工进行课题研究工作，定期进行交流工作。定期进行研究的总结和交流，总结阶段性的成果，反馈在研究中存在的问题，提出改进的建议和方法，完善研究内容和手段，写出阶段性的报告和总结。原则上一个月进行一次交流活动。收集整理各种学校法治教育和德育教育相结合的理论文献、实践资料，做到全面充分，规整合理。具体实施推进研究，丰富理论创新实践。努力提高知识储备，深入实际研究。

（3）总结阶段：收集资料，整合资源，总结结题。对各阶段的测试数据、资料统计进行分析整理，撰写实验报告，介绍实验做法。由组长、副组长根据既有分工，督促相应课题负责人对负责课题做出结题报告。最后由组长、副组长负责统筹，安排人员汇总和撰写课题研究报告，总结得失，得出结论，进行推广。

（二）解决问题的方法

（1）文献研究法：收集不同历史时期的社会主义核心价值观发展资料，让学生认识社会主义核心价值观的发展和精神内涵，提高学生的能力水平。

（2）社会实践法：学生通过参加传统节日社会实践活动，在实践活动中接受教育，提高思想道德水平。可以更多地接触社会，了解实情，增长知识，陶冶情操，开阔视野，锻炼意志，有助于理论和实践的结合，以及社会主义核心价值观的培养。

（3）行动研究法：通过开展一系列社区实践活动，让学生在活动中体验感悟，在活动结束后进行经验交流，总结学生在活动中的表现与收获，提升学生的思想道德水平，达到预期的教育效果。

三、课题研究的目的与意义

学校作为社会主义核心价值观的培育和践行基地，是把社会主义核心价值观融入学校教育全过程的承载者，通过开展社会主义核心价值观进校园实效性课题的研究，推行社会主义核心价值观进校园进课堂，实现未成年人思想道德教育日常化、生活化目标。

通过课题研究，对学生进行社会主义核心价值观教育，关注每一名学生的健康成长，引导学生养成良好的生活、学习、行为习惯，懂得基本的文明礼仪，爱国爱校、关爱同学、关心集体、尊敬师长、孝敬父母，懂合作、讲诚信、善交流、知分享、晓礼让，树立正确的世界观、人生观、价值观，为学生全面发展和终身发展奠定良好的思想道德基础，让青少年学生真正成为倡导、传播社会主义核心价值观的使者，以及文明城市的践行者。

四、成果的主要内容

社会主义核心价值观进校园活动启动以来，学校积极行动，以活动为载体，在全校开展社会主义核心价值观教育宣传活动，营造社会主义核心价值学习宣传氛围，将社会主义核心价值观与学校各项活动结合起来，把社会主义核心价值观教育渗透教育教学的全过程，使学生形成良好的行为习惯，促进学生健康成长，让学生在潜移默化中深刻理解社会主义核心价值观，并自觉践行社会主义核心价值观。现将学校课题开展以来的情况简要总结。

（一）明确指导思想

把社会主义核心价值观教育作为德育的根基，面向现代化、面向世界、面向未来，把广大中学生培养成具有世界眼光、改革精神、开放意识，能够传承中华民族优良传统，富有民族自信心和爱国主义精神，敢于创新、勇于实践的社会主义事业的建设者和接班人。

（二）明确总体目标

党的十八大首次概括出了社会主义核心价值观："倡导富强、民主、文明、和谐，倡导自由、平等、公正、法治，倡导爱国、敬业、诚信、友善，积极培育社会主义核心价值观。"学生对中学生进行社会主义核心价值观教育，积极构建社会主义核心价值教育的目标与内容体系，关注每一名学生的健康成长，为学生全面发展和终身发展奠定良好的思想道德基础，形成与教育实际相结合的社会主义核心价值观教育工作新格局。

（三）高度重视

学校高度重视这一活动，成立社会主义核心价值观进校园活动实施工作领导小组，设立工作办公室，明确任务分工，并制定《羊口中学社会主义核心价值观进校园活动实施方案》。为确保活动扎实有效开展，专门组织相关负责人员到莱州一中、莱州双语学校参观，学习名校在社会主义核心价值观进校园活动中的先进经验。

同时，学校在开展社会主义核心价值观教育活动过程中始终把文明礼仪教育、法制教育等贯穿其中，通过开展一系列活动，促进学生健康成长，以构建"文明校园""平安校园""书香校园"为内容，以开展主题教育活动为载体，使德育工作更好、更快地开展。

（四）开展系列活动

（1）通过校园网、LED屏幕、宣传橱窗、黑板报、国旗下演讲等形式，在广大师生中广泛宣传社会主义核心价值观。

（2）各班举行以"树立社会主义核心价值观，争当文明学生"为主题的班会活动，根据《羊口中学学生行为习惯养成实施方案》，加强对学生进行文明礼仪教育，定期评选各班级"文明之星"，并进行表扬，记入学生综合素质评价，努力创建"文明校园"。

（3）学生以年级、学校为单位组织以"法制"为主题的社会主义核心价值观演讲活动，结合《中学生守则》《中学生日常行为规范》对学生进行遵守校规校纪教育，努力创建"平安校园"。

（4）教师以学校为单位组织以"敬业"为主题的社会主义核心价值观演讲活动，结合《中小学教师职业道德规范》，积极引导教师比学习，争当学习型优秀教师；比教学，争当教育教学中坚骨干，让学生和学校满意；比师德，争做师德师风模范个人，让家长和社会满意。组织评选"爱岗敬业"的优秀教师制作宣传版面，传播正能量，切实增强教师教书育人的社会责任感和历史使命感，努力打造一支师德高尚、业务精湛、乐于奉献的高素质教师队伍。

（5）以年级为单位组织社会主义核心价值观背诵大赛，背诵主题以社会主义核心价值观24字及相关释义（可以在中国文明网下载参阅，也可结合学校、学生对核心价值观内涵的理解自创）为主，要求健康向上、催人进取，传承社会主义核心价值观，促进社会文明发展。可适当配合舞蹈、演讲、表演、演奏、书画、特技等辅助手段以进一步提升学习背诵的艺术表现力。

（6）开展爱学习、爱劳动、爱祖国"三爱"主题教育活动，通过主题班会对"三爱"进行宣传教育，然后根据《羊口中学学生行为习惯养成实施方案》进行"学习之星""劳动之星"评选，并记入学生综合素质评价，培养学生良好的学习习惯，使其热爱劳动，关心班级，关心学校的一草一木，培养学生高尚的道德情操。

（7）开展"日行一善"和以孝敬、友善、节俭、诚信为主要内容的道德实践活动。学生建立"日行一善"记录卡，每日记录一次尊敬教师、团结同学、帮助别人、与人为善、认真值日、勤俭节约、诚实守信、好人好事、孝敬长辈等，学生通过记录反思自己的进步，加强道德实践学习。

（8）以学校为单位开展"奋发向上，崇德向善"主题读书教育征文活动，动员学生购买或借阅经典书籍进行阅读，并写出读书征文，评选优秀篇目上报参评，借此推动"书香校园"建设。

（9）寒假期间，开展"我向父母献孝心"主题活动，把学生积极参加感恩父母家庭实践活动纳入寒假作业。每天为父母做一件家务劳动，目的是使学生养成热爱劳动的好习惯和体贴父母的回馈感情。填写"家务劳动记录本"，自己做好所做家务的简单描述登记，家长签名认可，开学后上交班主任。

（10）利用春节、元宵节对学生进行宣传教育和实践活动。调查春节、元宵节的来历、当地习俗、节日活动、收集优秀春联等，完成调查报告，引导学生弘扬民族精神，增进爱国情感，提高道德素养。

（11）积极开展鼓励中学生社会实践活动，由团委组织学生到社区实践并宣传；关爱留守儿童，满足留守儿童"微心愿"，使学生从小树立关爱他人、和谐友善的价值观。

（12）组织班主任和骨干力量到莱州等地学习社会主义核心价值观进校园先进做法，提高干部的认识和管理水平。

（五）实施途径

1. 坚持把社会主义核心价值观教育与课堂教学紧密结合

各学科要充分发挥课堂主阵地、主渠道作用，有计划地从不同角度和不同方面贯穿和渗透社会主义核心价值观教育，使社会主义核心价值观教育入眼、入耳、入脑、入心，走进教材，走进课堂，使社会主义核心价值观生动具体地融入学生学习成长的全过程，创造有利学生健康成长的和谐环境，使学生牢固树立社会主义核心价值观。具体如下。

（1）通过思想品德课直接进行社会主义核心价值观的教育，用这个多数人公认的"核心价值"来统领学生的多元价值取向。

（2）通过中学语文课进行中国优秀传统文化、中华民族爱国主义优良传统的教育。教师在语文教学中适当增加传统经典范文、诗词的比重，培养中学生体会东方审美文化的独特内涵，使中学生热爱我们民族优美的优秀传统文化，确立社会主义核心价值观，培养中学生的爱国主义精神。

（3）通过历史课进行中国国情教育、国际形势和民族忧患意识教育，使中学生树立为中华民族伟大复兴而奉献的光荣使命感和责任感。

（4）通过基础课程学习，培养中小学生的科学素养和创新精神。

（5）通过书法、绘画等课程加强对中小学生的美育教育，鼓励中小学生研究和宣传中华优秀传统文化，培养中小学生的民族精神。

2. 坚持把社会主义核心价值观教育与学校校园文化建设紧密结合

学校充分发挥校园文化的熏陶作用，运用生动活泼的形式以构建社会主义核心价值观为导向，以建设优良校风、教风、学风为核心。对校园内的文化版面重新设计，增加社会主义核心价值内容，体现社会主义文化特点、时代特征，以及学校独特的校园文化，把丰富多彩的校园文化、体育活动作为进行社会主义核心价值观教育的有效载体。精心布置社会主义核心价值观展室，分主题对社会主义核心价值观进行展示，组织学生进行参观教育，发挥教育主阵地作用。

建立特色展室和长廊，强化学生社会主义核心价值观教育是让学生了解社会主义核心价值观的发展和学校开展的各项活动，学校利用空闲教室和旧桌凳设计了社会主义核心价值观展室和长廊。主要分为社会主义核心价值观发展历程、社会主义核心价值观内涵、社会主义核心价值观进校园、社会主义核心价值观影片解读、社会主义核心价值观活动资料展五部分。

社会主义核心价值观的内涵可以从三个层面进行解读，配合图片分别对富强、民主、文明、和谐、自由、平等、公正、法治、爱国、敬业、诚信、友善等进行详细说明，使学生理解社会主义核心价值观的内涵，这样才能在学生学习和生活中有目的地践行。

社会主义核心价值观进校园从队伍建设实现超越创新、人本管理促个性发展、课堂教学彰显育人本色、社会实践丰富多彩人生、校园活动飞扬青春旋律五个方面对学校各项育人活动进行展示，在教育教学过程中对学生进行社会主义核心价值观教育。

社会主义核心价值观展室设计安装多媒体投影，并剪辑了社会主义核心价值观影片，学生通过观看社会主义核心价值观影片，可以接受更深层次的教育。

社会主义核心价值观活动资料展示学校近年来开展的社会主义核心价值观教育的成绩，学校结合传统节日和教育教学过程，开展系列活动对学生进行社会主义核心价值观教育，材料分为感恩、公平、法制、安全、心理、敬业、诚信、环保等。

3. 把社会主义核心价值观教育与家庭教育、社会教育有机结合在开展社会主义核心价值观教育中,重视和规范家长委员会的组建工作,定期举办家庭教育专题讲座,开展学校德育开放日活动,通过家委会向所有家长进行宣传。学校通过发放宣传材料、家长会、飞信等多种形式,将学校开展的社会主义核心价值观教育活动的内容、要求告知家长,同时向家长提出明确要求,配合学校做好教育工作,在教育方法、教育要求等方面达成一致,形成合力,实现家校结合共同教育的局面,积极营造学校、家庭、社会共同关心青少年社会主义核心价值观教育的良好氛围。

4. 以学校"四德榜"工程建设进一步推进社会主义核心价值观教育

学校善行义举"四德榜"是指以榜的形式,以本学校教职员工和学生为对象,以其在学校、社会、家庭三个空间的表现为内容,重点公示上榜者在个人品德、职业道德、社会公德、家庭美德方面的善行义举,公开评议,上榜公示,推动社会主义核心价值观建设。按照师生知榜、议榜、评榜、上榜、用榜、管榜的程序建好"四德榜",弘扬社会、学校、家庭正气,倡树道德新风,凝聚发展力量,传播正能量,进一步提升学校教师师德水平和学生文明素质。

社会主义核心价值观是中国共产党面对当时国内和国际新形势在党的十八大上提出的。从提升民族和人民的精神境界来看,核心价值观是精神支柱,是行动向导,对丰富人们的精神世界、建设民族精神家园具有基础性、决定性作用。核心价值观是一个国家的重要稳定器,构建具有强大凝聚力、感召力的核心价值观关系社会和谐稳定,以及国家长治久安。学校是对青少年进行社会主义核心价值观教育的主阵地,学校师生认识深刻,准备开展好一系列活动,把社会主义核心价值观教育渗透教育的全过程,促进学生健康成长，为实现"两个一百年"的奋斗目标，以及实现中华民族伟大复兴的中国梦做出应有的贡献。

五、效果与反思

（一）取得的效果

学校开展"社会主义核心价值进校园实效性研究"课题研究以来，实施了较为科学的研究策略，基本实现了预期目标，挖掘了优秀传统文化节日的内涵，开展了主题实践活动，丰富了校内与校外文化生活，锻炼了教师队伍，培养了学生良好的行为习惯，提升了社会满意度和学校育人质量。

1. 通过课题研究提高了教师业务素质

课题研究需要严谨的科研方法和技能，更需要开展教育教学实践活动，学校组织传统节日优质课评选，推出了两节优质课，进行录像刻盘参加评选。并多人多次在学科德育精品课堂、立德树人论文和主题征文中获奖，《中小学传统文化与礼仪感恩教育》一书出版发行，全国"十二五"子课题"通过传统文化节日的校本化研究，促进学生良好行为习惯的养成"顺利结题。在研究相关课题的基础上，学校荣获优秀传统文化教育先进单位，两人获得"传统文化先进个人"称号。王玉玲老师撰写的《核心价值观进了羊口中学》发表在《大众日报》上，中国教科院寿光综合改革试验区工作简报为学校做了《多"餐"并用聚焦核心价值观》的报道。开展课题研究营造了学校浓郁的学习研究氛围，教师团队更加和谐、凝聚力更强、教师队伍迅速成长。

2. 通过课题研究提升了学校教书育人质量

教书育人是学校的生命线,实施和研究课题以来,学校以优秀传统文化节日教育为总抓手,通过开展系列活动提升了教师学科育人质量,规范了学生的学习行为,使学校的教书育人质量大幅度提高,连续多年被评为寿光市"教书育人先进单位"。

(二)课题研究后的反思

在课题研究实践中,我们根据实验情况做了深入分析,发现以下几个方面的问题应引起我们的思考。

(1)教师要进一步树立教书育人的观念,探求多样化的教育方法和途径,找准结合点,把教育人、关心人和理解人结合起来,将社会主义核心价值体系教育融入各门学科的教学内容与教学过程的各个环节中,这就要求教师在课堂教学中应当充分利用和发挥其主导作用。

(2)任何教育教学模式都不是一成不变的死套套,社会主义核心价值的融入与渗透尤其如此,面对不同的教育对象,德育教师必须及时变革管理方法并能处处创新,这样才能吸引学生的注意力,才能取得良好的教育效果。

总之,我们将继续关注"社会主义核心价值观进校园的实效性研究"这个课题,积极探索其途径与方法,使学校学生在这个充满挑战的时代释放自身的青春正能量,让生命之花开得更灿烂、更亮丽。

丰富育人模式，为学生健康成长护航

羊口中学地处全国蔬菜之乡——寿光，是一所校园环境优美、文化底蕴丰厚、人文情怀浓郁的农村初中，被誉为"渤海湾畔一颗璀璨的教育明珠"。近年来，学校坚持"为学生创造自主发展的无限空间"办学理念，创新工作方式，拓展活动途径，构建"自我教育，自主管理，快乐成长"的德育文化，促进了素质教育实施和学校的健康、可持续发展。

一、习惯养成：夯实学生品行根基

许多教育工作者常常要求学生对自己的人生负责，把育人点落在遥不可及的将来，却忽略了对生活实际的引导。我们认为，千里之行，始于足下，九层高台，起于垒土。如果从点滴做起，把自己身边的小事做好，那么未来必然会收获精彩的人生。将教育重心适当下移一些，让学生能够看得到、听得懂、摸得着、办得到，有助于促进学生自我教育的意识觉醒和自我完善的能力提升。这既是教育方法的调整，也是一种教育智慧的体现。

为此，学校从细节入手，以《羊口中学学生一日常规管理细则》《羊口中学班主任工作评价细则》为管理和考核标准，对学生一日常规提出明确要求，让学生明确什么是能做的、什么是不能做的，逐步让学生养成良好的行为习惯。加强习惯养成教育，重视日常规范落实，以良好的习惯为学生生命奠基。新学年开学，根据不同年级特点，开展为期一周的入学教育，加强学生规则约束意识。开展大课间跑操、做操活动，调动学生维护班集体的热情，提高班级管理水平。坚持课前一支歌活动，提高学生的精气神和课堂效率。

二、寓德于行：给学生思想"加钙"

道德教育绝非空洞的说教，它应该走下神圣的殿堂，融入学生的日常生活中。学校立足学生成长需求，推行"德育为先，以行聚德"的德育模式，以传统节日、纪念日及德育工作不同时期的主题为契机，扎实开展生动活泼、寓教于乐的活动，让学生的行为习惯、道德情操在多彩的活动中得到改善和提升，并内化为他们的自觉行动，在潜移默化中提高育人质量。如开展"与文明牵手，与礼仪同行"、烈士陵园祭先烈、"五四"诗歌朗诵会、"我与祖国同成长"征文展、"不忘抗战史，弘扬爱国情"演讲比赛、校园文化艺术节等活动。

生活即教育，社会即课堂。发掘和整合地方资源，让德育之花散发泥土的芬芳，成为学校德育工作的一大特点。我们将实践活动与生命教育、励志教育、生存技能等专题教育结合起来，创设活生生的社会、生活课堂，为学生修身砺品、素质拓展搭建舞台。

三、"一体两翼"：让学生"当家做主"

最好的教育是自我教育和自主成长。学校构建绿色惩戒教育机制，学生民主制定班规班约。各班组织学生认真学习学校规章制度，班委成员、各学习小组长、各舍长组织牵头，结合班级实际情况拟出班规班约草案，学生进行民主讨论、修改，经全体学生表决通过。班规班约内容涵盖并细化了学习、纪律、卫生、礼仪等行为表现，体现了全体学生的共同意愿、利益和奋斗目标。

学生是学校的主人，挖掘学生特长、培养学生能力最有效的途径是让学生参与学校管理。实践证明：让学生参与管理，将学生良好的个性品质当作一种资源开发，变"我被管"为"我要管"，增强了学生的集体凝聚力和主人翁意识，进一步拓展了学生自主发展的时空。

四、"一线四法"：让每个生命都绽放光彩

为优化德育环境，提升德育质量，在"为了一切孩子，让每一个人都获得成功"的教育理念指导下，我们积极推行全员育人导师制，建立起"全员育人、全程育人、全面育人"的立体式育人网络，使每名学生都得到有效关怀和科学指导。学校将级部所有教师分配到具体班级，每个任课教师与6名学生搭桥牵线，结成对子。导师针对受导学生的不同特点，制作别具匠心的"教育菜单"，从思想动态、行为养成、兴趣特长、心理健康等方面进行跟踪指导，为学生提供优质的教育服务。导师在工作中主动担

当起三重角色——像长辈,在生活上关心体贴;做良师,在学习、品行、习惯等方面教育辅导;成益友,同学生进行民主平等的心灵沟通,及时解决学生成长过程中的实际问题。

为了提高工作实效,学校实行"一线工作法",教师深入学生和家庭一线,在给学生"把脉会诊"的基础上因材施教。学生家长通话法:每月与受导学生家长进行电话沟通,共同探讨教育方法,形成家校育人合力;八类群体学生家访法:对于家庭贫困学生、学习困难学生、单亲及父母双亡家庭学生、外来务工人员子女等八类群体学生,通过家访了解其成长背景及家庭教育情况,并有针对性地制定指导策略;问题学生访谈法:通过面谈、书信、日记、电子邮箱等形式与学生交流,关注他们的心理健康和成长需求,帮助他们解决生活中遇到的难题和困惑;教师妈妈帮扶法:每级部确定一名女教师担任本级部孤儿、留守儿童或单亲家庭的教师妈妈,为学生们筑起爱的港湾。在四项活动中,教师从细处入手,从小事做起,走进学生生活,温暖学生心灵,促进学生健康成长,提升了学校的社会满意度。

育人德为首,立世品当先。德育教育对学校而言,处于至高无上的位置。实践证明,学校推行学生自主管理,深化至优秀品质自我教育,提升为自我发展能力形成,使被教育者的综合素质得到提高。学校全体教职工将本着对学生一生负责的责任心和使命感,进一步解放思想、开阔思路,不断丰富学校内涵,加快形成办学特色,用心为学生积蓄成长成才的力量,努力办好人民满意的教育。

第四章　教育与人生规划相结合

为学生幸福人生奠基

近年来，随着信息技术高速化、人文意识复杂化、个性思维自主化、道德价值观念市场化，羊口初中通过行之有效的手段对学生精神进行"补钙"，取得良好的育人效果和社会效果。

一、在铺路中贯通

本着针对性、序列性和层级性原则，学校做活贯通文章，构建起校园无缝德育教育体系。

第一，七年级侧重养成教育。设计入校课程，丰富军训内容，磨炼学生意志品质，强化学生集体意识和纪律观念。通过背、写、讲、唱、演等形式，让学生形成良好的行为习惯和学习习惯。通过电话家访、实地家访、召开家长会、问询邻里等形式，了解学生家庭结构、居住环境、经济条件、家庭教育等状况，制定《羊口中学八类群体信息统计表》，建立健全八类学生档案，跟踪指导，做好因材施教。

第二，八年级侧重青春期教育。根据学生的生理和心理特点，加强青春期心理教育，引导学生平稳地向青春期过渡。成长导师通过随机个性交流、定期集中交流等形式，及时了解学生的思想动态，关注他们的心理健康和成长需求。开放心理咨询室"阳光心灵驿站"，以及趣味游戏、放松训练、知心信箱等多种类型的心灵"按摩"，指导学生学会科学调节情绪，以健康、平和的心态度过青春期。

第三，九年级侧重职业人生规划。指导学生对自己的人生做初步规划和设计。组织学生到渤海实验学校参观学习，组织学生到羊口职教中心、渤海工业园参观，让学生明白"三百六十行，行行出状元"的道理。邀请已经毕业的学生回校做报告，现身说教。设计毕业离校课程，开展"晴朗六月，伴你同行"主题活动，召开"轻松应考，放飞梦想"主题班会，帮助学生们卸下包袱，从容面对中考。开展"师生心语"对话，针对学生个性特点和实际情况进行疏导，答疑解惑。加强文体活动，唱好"课前一支歌"，组织学生同唱《怒放的生命》《我的未来不是梦》等励志歌曲，提振精气神，强化信心。举行毕业典礼仪式，让毕业生体味母校的温暖、深情，满怀感恩作别母校和同学，带着信心和憧憬走进新生活。

二、在架桥中融合

为把立德树人落到实处，学校做好融合文章，力求让德育落实、落小、落细，从而构建横到边、竖到沿的德育体系。

第一，融入学科，内化于心。全体教师根据学科特点深入挖掘教材内涵，在教学过程中进行课程整合及社会主义核心价值观知识渗透。为此，把民主平等、师生互动和谐、思维活跃情趣健康等作为课改的方向，开展

"学科育人标兵"评选等活动。开设校本教材,组织骨干教师收集资料,研发、编写"心灵花开""与法同行""生活教育系列课程""环境教育课程"。同时,学校还积极探索校本课程实施的途径和策略,建立教材教法研究和课程教学质量评价机制,落实集体备课和课程教研。通过开展专题讲座、调查问卷、知识竞赛等活动,进一步夯实学生的思想道德基础。

第二,融入活动,外化于行。学校深刻领悟到"学习知识"和"生成智慧"的辨证关系,积极创设课内外结合点,坚持走"以外养内""以内促外"的科学发展之路。开辟多个校内"小作坊",让学生们在"巧手坊"里精心编织和制作各式渔具、贝壳风铃和用贝壳粘制的动植物造型,在"陶塑车间"里烧制成了各类渔船模型、海洋生物造型,在"木工车间"里精心制作大小不一、琳琅满目的船只模型。开展"当一日渔民体验活动",组织学生到渔港码头参观考察,切身感受渔民的劳作艰辛和经济收支情况。发起"保护小清河"的倡议,通过图片、文字等途径了解小清河百年史,组织学生到小清河进行水质检测,让学生在今昔对比中看到"酱油河"还"清白之身"的重要性、紧迫性。组织学生深入盐场、莱央子精细化食盐厂、油田基地、神华国华电厂等实践基地进行研学,让学生在旅行的过程中陶冶情操、增长见识、体验不同的自然和人文环境、激发学习兴趣,全面提升学生综合素质。在实践活动课、闲暇节日时,教师便组织学生深入航海博物馆。每年正月十六,教师会组织学生参加"羊口祭海节",在"放海生"中培养他们回馈大海、感恩自然,"耕海万顷、养海万年"的科学发展观。倡导"德育为先,以行聚德",开展爱心捐款、文明餐桌行动、"奋发向上,崇德向善"读书征文等活动,举行"雷锋伴我成长"手抄报展、网上祭英烈、新团员入团宣誓仪式等传统节日和纪念日主题教育活动。成立"清河扬帆"文学社、"七彩"书画社、"雄鹰"田径队、"巧手坊"社团、"海风网社"等社团，在实践活动中树德、增智、强体、审美，使学生养成良好品德和个性心理素质。

　　第三，融入文化，固化于制。学校充分利用得天独厚的自然资源、悠久厚重的文化底蕴，将育人的视野放在更辽远、广袤的时空，在浓厚的渔盐文化底蕴中吐纳风云、追寻索问，孕育了一脉传承、张弛有度的羊口文化，将"敢于挑战、敢于超越、敢于担当"的羊口精神分解细化，由低到高、稳扎稳打对学生进行精神教化，逐渐形成了学校的"红柳文化"，为学校可持续发展蕴积了肥沃的文化土壤。将社会主义核心价值观融入校园文化，在校园主甬路打造社会主义核心价值观长廊，高标准制作"国学经典""修身立品""习惯养成"等主题文化墙，在教学楼、宿舍、餐厅的楼道制作多个宣传版面，打造高标准的红柳文化长廊、行知文化长廊等。形成以科技文化、传统文化、红柳文化、社团文化、班级文化为主体的"一条文化路，四个文化区（教学区、宿舍区、实践区、餐厅），十二个主题文化长廊"的校园文化体系。设计核心价值观展室，编制《社会主义核心价值观读本》。开设"善行义举四德"榜，建立师生"星光"长廊，以榜样的力量引领学生成长。利用电子屏、标语横幅、主题班会、国旗下讲话等多渠道进行宣传，使社会主义核心价值观真正入脑入心。总之，不仅要引领学生在"水中学习游泳技术"，更重要的是在学游泳中悟得爱家乡、爱人民、勤劳、环保、低碳、生态等情感、态度和价值观。

三、在感动中升华

我们不断优化服务流程，提升干部教师德育育人驾驭能力，在积淀中形成德育特色文化，并且取得了明显效果。

第一，反思文化助推育人质量提升。学校为每位教师统一购置小白板，要求教师每周撰写教育教学反思，并以年级为单位摆放在教学楼一楼大厅展示，包括一周工作总结、具体整改措施、下周工作计划三大板块，要求教师盘点自己教育过程中的得失，查找存在的问题和不足，明示改进的对策和措施。将德育教学反思纳入常规管理中，作为教师评价的重要内容之一。

第二，实施"一线四法"全员育人导师制。干部教师深入一线，在对学生"把脉会诊"的基础上因材施教，通过学生家长通话法、八类群体学生家访法、问题学生访谈法、教师妈妈帮扶法，从思想动态、行为养成、兴趣特长、心理健康等方面进行指导，及时解决学生在成长过程中遇到的实际问题，为学生提供优质的教育服务。

第三，"微德育"筑牢品行根基。将育人着力点适度下移，让学生能够看得到、听得懂、办得到，有助于促进学生自我教育的意识觉醒和自我完善的能力提升。以特定节日为契机，以唱感恩歌、做感恩事、写感恩体会、评感恩之星等活动为载体，从"感恩师生""感恩自然""感恩父母"和"感恩社会"等方面进行"感恩教育"，培养学生孝亲知礼的品格，让感恩的种子在学生心灵扎根、发芽、生长。以《羊口初中学生一日常规管理细则》《羊口初中班主任工作评价细则》为管理和考核标准，让学生逐步养成良好的行为习惯。从学生身边常态、熟悉的事件入手，捕捉"微现象"，发现"微问题"，开展"微行动"。立足学生成长需求，使每次活动都能给学生一个思考、一种启示，引导学生知美、懂美、爱美，激发他们对品质美、形象美、行为美的憧憬和追求，做一个有道德的人。

近年来，羊口初中思想道德建设工作卓有成效，被授予"寿光德育示范学校""教书育人先进单位""亲子共成长工程先进单位"等称号；文明上进的风气浓了，学校教育环境整体呈现出规范、健康、有序、和谐的特点；连年被评为教育教学质量优胜单位，中考连年进入A等行列；学校信誉度及社会满意度不断提升。

深化依法自主办学，催生内涵发展动力

近年来，"自主办学"逐渐成为教育理论与实践中的一个热点话题。许多学校把"推进依法自主办学""提升治校育人能力"等内容作为改革探索的重要课题。寿光市自2015年10月经潍坊市教育局批复被列为依法自主办学试点市以来，坚持"试点先行，逐步推进，适当扩展"原则，积极探索，创新举措，深化管办评改革，稳步推进现代学校制度构建，开创全市依法自主办学工作的新局面。

寿光市羊口初中位于渤海莱州湾南畔、小清河入海口的羊口镇，近年来，学校坚持以创造适合的教育为目标追求，以"每一个人都很优秀"为办学理念，构建适合师生发展需要的优质教育体系，让师生享受发展的精彩、成长的快乐、成功的幸福。作为潍坊市依法自主办学试点学校，学校

着力探索构建现代学校治理体系，不断完善内部治理结构，激发了学校内涵式发展动力。学校办学水平和学生综合素质显著提升，教育教学质量与综合督导评估成绩均跻身寿光市前列。

一、健全校内运行机制，激活改革发展新动能

推进校长办公机制改革，确认校长服务者角色。学校制定推行校长办公会议制度，学校政务完全公开透明。每周五上午举行校长办公会，学校所有班子成员参加会议。设立校长办公会提案议案制度，倾听所有教师关于学校工作的意见和建议，共同审议学校下一周的主要工作安排，让学校的政务公开化，摒弃校长"一言堂"。建立重大事项、敏感事项票决制等必须通过校长办公会同意。倾听一线的声音，了解学校教育教学工作开展情况、学生在校学习和活动情况、教师工作和生活情况及遇到的问题或困难，听取广大师生和家长的意见和建议，协调解决学校在教育教学工作中的问题。

推行清单管理模式。学校对下放的自主管理权限、重大决策事项和涉及师生合法权益的所有事项，结合自身实际，按照"法定职责必须为、法无禁止即可为"的原则，科学设置列入清单管理的学校事项，梳理出34项责任清单，并逐项梳理所列事项的办理依据、条件和工作流程，明确办理机构和职责，面向社会公布。制定负面管理清单，建立了"清单管理+特色发展"的学校办学绩效考核评价机制，强化学校自主办学和改革创新导向，激发学校自主办学和创新发展的积极性。

以扁平管理，践行教育民主化。改革传统的"校长–处室–年级"层级管理模式，构建"倒金字塔"型管理体系，实行扁平化管理，垂直服务师生。根据发展需求，建立教师发展中心、学生发展中心、安全管理中心、后勤保障中心和年级发展中心，明晰了工作职责，增强了服务意识和工作主动性，提高了工作水平，提升了执行力。实现去行政化的年级管理，探索管理权下放到年级的机构设置，级部主任成为"小校长"。强调一切以年级工作为中心，为年级师生服务，下移了工作重心，零距离管理，心贴心服务，减少了繁冗的中间环节，避免了工作脱节和变向，提高了管理和服务效能。

以项目管理，践行教育人本化。推行"项目负责制"，将日常工作以项目的形式呈现出来，鼓励各科室和干部师生根据自身专长进行项目申报和实施，如艺体组、语文组、信息技术组分别申报并指导学生承办学校体育节、艺术节、科技节等，让广大干部师生真正成为学校工作的参与者、支持者和评价者，形成"人人是主人、师师班主任、生生班干部"的新管理局面。

创新"五步议事"，践行教育规范化。发展学校，治理先行，现代治理，大道至简。学校事务既多又复杂，我们尝试把复杂的事情做简单，对学校治理中的事务进行归并组合，让一切工作变得更简单。学校的所有工作分别由谁做、怎么做以及如何做好，标准清楚、一目了然、职责清楚、责任分明。借鉴《罗伯特议事规则》的思路，引入实施"议题征集—充分协商—形成共识—共同执行—多元评价"五步议事规则，搭建五步对话平台，深入开展民主协商、监督，如此，有助于全体干部师生潜能的释放和积极性的发挥，让学校运行有序、规范高效。

推进评价制度改革，构建客观公平的评价体系。以健全的制度规范人，以民主的决策凝聚人，以精细的管理促进人，以公正的考核激励人，是学校在教育管理层面长期坚持的策略。教师评优评先和岗位竞聘量化改革，实行《教师发展性评价方案》，实施年度考核量化打分机制，并将考核结果纳入职评、评先创优等工作中。年级团队评价改革，评价注重对年轻教师和团队的鼓励和支持，打造一支有干劲、有活力的教师团队。教师教学质量评价改革，量化考核体现多元化与发展性的导向，形成"多劳多得、优质多酬"的利益导向机制。学生学业评价改革，学生评价多元化，注重综合素质的评价，提供舞台让学生展示自己的特长。

二、强劲学术动力支撑，增进学校核心竞争力

（一）"三昧真火"构建"教学评一致性"高效课堂

尊重学生的个体差异性和学习主体性，因材施教、按需施教，增强学科教学的针对性和有效性。秉持以学生为本的理念，转变教与学的方式，促进学生自主学习、主动发展，打造师生互动、高效愉悦的自主课堂，充分调动学生的主观能动性和内在潜力，增强课堂教学效果，形成特色鲜明的课堂教学模式，并在全校范围内推广实施。

（1）文火"煲熬"，培植思想。学校为教师免费订阅专业期刊，鼓励教师开展读书交流，促进教师自砺修身。实施名家进校园工程，联系市教研室专家领导定期指导，问诊课堂，还邀请课改名师到校传授课改经验，

吸纳先进的教育管理精髓；组织级部主任、备课组长、骨干教师到昌乐二中、威海、广州等校观摩，现场求取课堂真经。通过"走进请出"机制，引领教师与教育专家零距离交流，"煲熬"有利于课改推行的理念，积蓄改革发展之力。

（2）全面开火，研与教并行。千方百计搭设平台，创造课改新环境。实施新教师成长工程、青年教师"青蓝工程"、骨干教师"能手工程"、名师资源开发工程等，实现多元发展，提升教师队伍综合素质。开展课堂教学大比武，组织上好过关课、示范课、展示课、推门课、观摩课，实现全员参与，提高教师课改实施水平。坚持每周一次的备课组研讨会和两周一次的教研组专题会，针对在教学中遇到的问题与困惑进行交流研究，分享教育教学经验，为课改实施破难解惑。另外，经验交流会、级部主任论坛、课改大辩论、教学反思、微课研究等全面开花，丰富教研内容，推进课改实践。通过多元化研训，助推教师走上专业成长之路，催生优质高效魅力课堂。

（3）文化重构，浴火涅槃。课改不只是改课，更是一种文化系统的重建。教学楼的走廊墙壁上是名人名言，学生们自己动手制作班级展示窗，内容有习作鉴赏、师生风采、学习方法简介等，成为发掘学生发展潜力、增强班集体凝聚力的极好展台。教室前后的黑板上方空间得到有效利用，张贴"打破常规方显羊口本色，自主探究才为学习之本""预习展示皆精彩，你争我抢乐开怀"等标语，营造浓厚的教改氛围。编印《课改简报》专刊，开辟《课改动态》《教学金点子》《身边的教育故事》等栏目，报道学校课改成果，汇集经典教育案例。加强学习小组建设，各小组均有个性十足的组名、组徽、组训、奋斗目标，这些精神符号烙上深深的团队印，让大胆创新、争优创先等意识根植于学生心中。

（二）构建丰富多元的大课程体系

（1）从以生为本的教育理念出发，构建适合学校特色发展和学生个性发展需求的学校课程体系。加强学科课程体系建设，设置学科分层课程，保障教学内容的科学性。落实各学科渗透课程，便于学生知识在课堂内完成外延，达成办学目标。

（2）健全校本课程开发及实施运作机制，优化课程设置，规范课程管理。从以生为本的教育理念出发，努力构建"学生顺学"体系，把"提供适合的教育，让每一个生命都精彩"作为课程建设的宗旨，构建"成长树"育人课程，形成"培根工程课程系统""育干工程课程系统""润叶工程课程系统"等课程群落，满足了学生的多样化学习需求，让每一名学生成长为身心健康、品质优良、学力扎实、情趣高雅的人。学生根据自己兴趣，自行选择相应课程，进行走班学习，满足不同层次的学生需求。

（三）推行分层走班教学

（1）变革课堂教学模式，实施分层走班教学。多学科实行分层走班教学。"因材施教"，制定不同的教学内容、教学方法，采取不同的教学手段，提升学生学习基础、能力水平，培养学生的学习习惯及学习信心。

（2）优化师生评价机制，创新教师评价体系。修订教师发展性评价方案，将教师参加的各项活动及成果纳入教师量化。一方面，以学生全面发展的状况和原有基础上的进步幅度来评价教师工作业绩；另一方面，以教师专业成长为评价指标，重点关注教师自身教育教学能力发展和对走班教学所做的努力和贡献；创新学生评价体系。加强学生评价，通过学生互评、教师评价来完成，结果计入学生综合素质评价。通过《学生素养调查表》（学习习惯、学习兴趣、学习纪律、学习自信心），调研学生的综合素养，形成客观评价。

三、深度推进民主管理，凝聚学校发展合力

坚持将学生、家长呼声作为第一信号，将学生健康成长作为第一目标，将家庭、社会满意度作为第一标准，学校教育与家庭教育同频共振、同向发力，更好地服务学生、服务家长，促使学校办学品质不断提升。

"教代制度"察民情。建立健全教代会各项制度，充分发挥教职工代表大会作为教职工参与学校民主管理和监督主渠道的作用。与教职工切身利益相关的制度、事务要经教职工代表大会审议通过；涉及学校发展的重大事项要提交教职工代表大会讨论。规范教代会的程序，依法保障教职工对学校重大事项决策的知情权、参与权、表达权和监督权。

"家委制度"听民意。由校方、家庭、社会三方组成家长委员会，增强成员的参与度、扩大覆盖面，拓展教育途径，促进家校共建，形成育人合力。成立由家长和教师共同组成的班级评价委员会和学校评价委员会，负责学生综合素质评价和监督工作；开展家长民主评教，让家长参与教师师德考评。学校大型会议和重要活动邀请家长参加，让家长为学生管理和学校发展建言献策。

"校委制度"求民计。由干部、教师和家长等组成的校务委员会，扩

大学校管理的广度，全面推进家校合作。校务委员会由校方代表、家长代表和社会代表组成，主要履行审议、咨询、宣传和协调职能，在校长主持下，对校长办公提出的重大决策进行审议。建立校务委员会工作例会制，组织学校领导、教师和家长、社区代表，围绕学校制度建设和管理畅所欲言、建言献计，保障沟通协调畅通无阻，填补学校管理的"缺位"及"真空"。

4. "理事制度"问民心。吸收社会各阶层参与学校办学理事会建设，实现自主与开放结合、民主与科学结合，保证了学校发展的正确方向。完善办学理事会运行机制，在全面落实校长负责制的前提下，探索和完善办学理事会的组织结构、组织形式和运行规则，有关学校发展方向和重大改革的决策事项，提交办学理事会审议、论证、通过。

四、打造德育"生态池塘"，激发学生成长内驱力

建立自主管理文化体系。建立班级文化体系，各班级确定自己的班名，设计班徽，制定班规，班级发展愿景等；建立小组文化体系，各组确定自己的组训、组规等。学生的行为也注入了文化内涵，形成了跑操文化、路队文化、就寝文化、就餐文化等。

构建以评价为核心的自主管理制度体系。出台《羊口初中小组合作学习学生自主管理评价细则》。从学生自主学习、自主管理、自主评价、团队文化四个方面入手，建立了组评、班评、校评三级自主评价公示栏和星级小组、星级班级评价晋级办法。内容全面，操作简单，评价及时。

五、架构多元主体参与治理体系，释放办学新活力

让教师参与管理。增强教师主人翁意识，学校章程明确了教师工作的责任和权利，教师不仅是劳动合同乙方，还是学校的管理主体，教师要积极主动参与学校管理事务，实现教师个人与学校的同步发展。增强教师创新意识，挖掘了每个教师的创新潜能，教师教书育人的主动性和创造性大幅提升。学校将所有工作变成项目，每位教师都是项目负责人，同时让责权利对等，变执行力为领导力，调动教师主动工作、创造性工作的积极性。成立由一线教师参与的学术委员会，对职称晋升、评优选先、业务评价等事项进行民主管理。每位教师都有资格凭自身的科研水平、业务能力和师德品质，经民主票选进入学校的学术委员会。学术委员会对所负责的推选事项具有"一票否决权"，相关事项只有经过学术委员会的民主程序后，方可提交学校决策。

升级家委会，让家长参与管理与监督。家委会细化为各分会，如校服委员会、生活委员会、校车委员会等。加强家校合作，让家长成为学校管理的同盟军，支持并指导学校家委会全方位参与学校管理及民主监督，建立校级、班级家长微信群，实施动态化的家校"联动管理"。家校协作开展的社会实践、社区服务、家长义工等举措也拓宽了家校教育的渠道。

学生参与管理，凡是与学生有关的活动、课程都由学生做主。如"我的校服我做主""我的书籍我做主""我的社团我做主""我的活动我做主"。学校每年的春季田径运动会，从方案制定、职责分工到颁奖表彰，学生都是主角。"海之魂"篮球社、"雄鹰"田径队等社团的学生还设计

了滚雪球、手拍球跑接力、"三人四足"等趣味比赛项目。

聚焦党建引领，充分发挥党支部的政治核心作用，确保学校始终贯彻党的教育方针，始终坚持立德树人。突出制度引领和导向引领，党支部为学校发展把关定向，守住底线，架起红线，把党建工作与推动学校改革发展通盘考虑，与提升师生、家长满意度有机结合，与干部教师队伍建设同步推进，使办学活力得到充分激发。

在推进依法自主办学的路上，我们只是试水者，它不能靠简单的移植和复制，而是要在自己的土壤中孕育、生长、开花、结果。只要我们坚定传承、创新的态度和勇气，将构建现代学校治理这一课题努力做深、做细，相信潍坊教育的春天一定百花齐放，香飘满园！

办有根的学校，做适合的教育

学校是教育真正发生的地方。学校要有学校的样，一所学校一个样。作为校长，都想把学校办成一所好学校，让学生喜欢、教师幸福、家长满意；作为家长，都想把孩子送到一所好学校，以实现自己期望的孩子成人、成才之梦。

在我们看来，一所真正的"好"学校应该："有人性"——以生为本，让学生成人成才；"有温度"——亲切，让师生喜欢；"有故事"——学校厚重，学生基础牢、知识广、活力足；"有美感"——学校具有知识之美、思想之美、生命之美和形态之美。

那么，如何才能建设一所理想的"好"学校？

这就需要办学者理性认识，审辩思考，给自己的学校"画像"——我是谁？（学校发展定位）我现在在哪里？（学校历史现状进行真实客观的评判）我要到哪里去？（目标）我怎样去那里？（方式、方法、途径），从而科学规划愿景，整体建构育人模式，抒写精彩的学校故事。

羊口初中是一所地处农村的省级规范化学校，自2007年建校以来，学校办学条件不断优化，然而，近些年受各种内外因素影响，生源质量有所下降，如何正视学生的基础性和差异性，从实际出发促进学生可持续发展，走出一条内涵式发展之路，成为亟待解决的一大课题。

我们认为，适合的才是最好的。好的教育是适合学生需要和发展的教育，是顺应学生"天性"和"个性"的教育。只有顺应天性与规律，尊重学生差异与个性，因材施教，发展潜能，才能引领学生学有所长，幸福成长；引领教师享受教育，敬业乐业；引领学校和谐发展，追求卓越。

于是，学校以促进学校新样态发展为目标，以全息理论和现代治理思想作为理论基础，将学校发展中文化、学生、教师、管理、家校等核心要素融合，努力探索实践"顺适教育"，构筑适合师生的优质教育生态，促进了师生发展，提升了办学品质。

一、构建支持系统

（一）创新工作思路，构筑党建工作新常态

学校发展，党建把方向。教育能否走得稳、走得远，关键取决于学校的党组织建设是否扎实、是否牢固。我们打造"红柳先锋"党建品牌，坚

持依托党建统领全局，同步推进学校发展与党的建设，实现相向而行、相融互促、相得益彰。

我们强化红色引领，建立起规范的党支部议事规则程序，为学校发展把关定向。设立了红柳党员先锋岗，激励岗位建功，发挥带动和辐射作用。开展了"五亮五带五争""四比一做三满意"活动，让党员教师成为教育教学改革的排头兵。成立了红柳学院，制订了"青蓝工程"提升计划，带动教师队伍素质整体提升。开发了"红柳文化"校本课程，并设置了"红柳情·中国梦"文化长廊，设立了"红柳图书角"，开展"红柳大讲堂""红柳先锋"事迹报告会、"红柳杯"师生书画比赛，以"红柳精神"凝聚人心、鼓舞士气。

（二）夯实队伍建设，打造教师德能提升新高峰

教师是学校发展的原动力。高水平的师资团队是有效实施素质教育的人才保障。

我们突出"教师发展无处不在"的理念，关注教师成长的内生力、优质力，努力构建"教师适教"体系。通过"感动校园人物事迹演讲""师德报告会""坚持立德树人不忘教育初心"大讨论等活动，使教师在胸怀气度、理想信念上都有一定的提升。实施"骨干引领、名师带动"战略，促进名师团队建设；组建了首席教师研修团队，以学科教研组长为领衔人，引领教师协同合作、抱团成长。通过举行趣味比赛、拓展训练、集体庆生，增强了教师的职业幸福感和团队凝聚力。

（三）拓展开放办学，提升家校共育新温度

家庭是孩子的第一课堂。学校创新涵养家庭教育大情怀，努力构建

"家庭适导"体系，实现家校教育同频共振，不断拓展育人的宽度。

我们挖掘社区和校外教育资源，组织"家长义工""特色家长"进校园，请家长和社会上有特长的人士走进课堂，或担任课程辅导员，或做专题报告。成立了家长委员会、学校理事会，邀请家长中的专业人士参与学校事务管理，发挥家委会功能，大型会议邀请家委会成员参加，引导家长参与到办学中来。举行校园开放日活动，紧密家校沟通；创新家校结合方式，建立了"晓黑板"班级微信群，加强对学生的个性化辅导和班级的个性化管理。

二、完善动力系统

（一）构建现代教育治理体系，催生学校发展新动力

建立公正合法、系统完善的制度与程序，提高依法治理的能力和水平，是学校健康可持续发展的动力和基础。

作为潍坊市依法自主办学试点学校，我们积极探索，完善内部治理体系，进一步规范了现代学校制度体系，持续为更好的教育提供能量；完善"顺和管理"机制，激活全员育人的教育细胞。细化了《治校育人督评工作方案》，实行党员干部和班主任值日督导制度，实行"一线四同"工作法，干部教师深入一线，实现管理的全天候、规范化、常态化、无缝隙。实施扁平化管理，深化年级部管理机制改革，各年级管理质态良好，风清气正、凝心聚力的教育环境逐步形成。

（二）持续打造文化力，促进文化建设新跨越

文化是学校健康持续发展的灵魂。只有优秀的学校文化才能孕育出优秀的学校教育。

我们总结提炼了"像红柳一样成长"的办学理念和"和而不同，各美其美"的校训。整体构建了"红柳"价值文化体系，拓展校园文化活动空间，将资源放到离师生最近的地方，让知识随处可见，让学习随时发生。打造了四个校园——和谐校园、绿色校园、智慧校园、活力校园，建设了五条长廊——核心价值观长廊、艺术长廊、科技长廊、教研文化长廊、乡土文化长廊，打造校园六景——共美苑、适美厅、乐美门、厚蕴墙、星光台、价值坊，形成了"一堂（红柳大讲堂）二园（创客园、悦读园）三台（大舞台、竞技台、演讲台）"体系，让校园成为学生学习、创造的乐园。

三、落实操作系统

（一）推进德育创新，实现品格教育新突破

学校以培育和践行社会主义核心价值观为主线，坚持育人机制再造，引领学生心中有理想、前进有方向、脚下有力量。

我们推行"德育为先，以行聚德"育人模式，将德育融入活动，外化于行。挖掘整合羊口地方资源，组织学生参加"羊口祭海节"，到卫东盐场了解海盐生产过程，到羊口新区开展环保公益活动，促进知行转化，育品固德。

（二）铺筑课程跑道，助力学生核心素养新提升

课程是学校育人目标、办学理念的载体，只有改变课程，才能从根本上改变学校。

我们从以生为本的教育理念出发，努力构建"学生顺学"体系，把"提供适合的教育，让每一个生命都精彩"作为课程建设的宗旨，开发了"成长树"育人课程，形成培根工程、育干工程、润叶工程等课程群落，满足了学生的多样化学习需求。新学年开学，组织学生赶"课程大集"，让课程惠及每一名学生，实现真正意义的素质教育。

（三）深化课堂改革，打造课堂教学新生态

课堂是承载生命发展的文化场，是教育教学改革的核心地带。

我们大力实践教学评一致性课堂教学模式，不断优化课堂结构，深度挖掘课堂教学效益。实施学科分层走班教学，变革课堂教学模式，因材施教，使每名学生都找到"最近发展区"。

我们认为，要管理好一所学校、成为一名好校长，必须要有大气质、大胸怀、大智慧，好思想、好形象、好精神。要精于谋划，做发展愿景的设计者；要广建平台，做师生成长的引领者；要把脉问诊，做问题解决的推动者；要知行合一，做教育教学的践行者。

学习，反思，调研，改进，让学校有人性、有温度、有故事、有美感，让教育更加顺应学生的天性，更加适合每个师生的成长，这是我们新样态学校建设的"诗"与"远方"。现在，我们正朝着这样的方向努力奔跑。

（四）深化内涵发展，创办品牌学校

如何办好人民满意学校，打造适合师生成长和发展需要的优质教育生

态,是摆在每一名校长面前的课题。近年来,寿光市羊口中学倡导"像红柳一样成长"的办学理念,坚持勇于担当、善于创新、敢于超越、自主发展的工作作风,推进素质教育与学校各项工作健康和谐发展。

(五)文化引领,构筑学生精神家园

校园文化是学校的灵魂和发展的基础,对学生起着潜移默化的熏陶和启迪作用,促进学生精神面貌、综合素质不断提升。为此,学校坚持文化引领,加强校风、教风、学风的养成教育,让文明、激情和进取成为校园的主旋律。遵循学生认知和成长规律,以活动为主渠道,以行动求实效,从多个维度着力构建学生教育的人格之美,用良好的习惯为学生生命奠基。政教处、团委、学生会开展生动活泼、寓教于乐的日常教育活动,利用校园网、广播室、宣传栏、国旗下讲话等渠道,对学生进行道德法制、文明礼仪、安全卫生、理想信念等内容的教育,宣扬新人、新事、新风尚,传播校园精神文明。开展"与文明牵手,与礼仪同行"、环保公益行动、"不忘抗战史,弘扬爱国情"演讲比赛,逐步完善学校"德育为先,以行聚德"育人模式的特色,组织开展运动会、社团文化节、节日文艺会演、校园文化艺术节,给学生创造释放潜能、超越自我的舞台,成为促进文化课学习的有效延伸,在潜移默化中积淀了校园文化,为学生健康成长、全面发展提供了厚实的土壤。

(六)制度引导,助力学校健康和谐发展

制度是学校所立之本,是师生"共同的约言"。学校树立意识、落实责任、完善体系,坚持"问政于民、问需于民、问计于民",民主制定学校管理制度,规范学校办学行为和教育秩序,帮助师生构建健康丰富的情

感和积极向上的人格，形成师生共识共为的校园制度文化。学校先后制定《文明班级标准》《学生评优奖励细则》《班级管理综合评估方案》等一系列制度规范，加强刚性约束，使学生做有标准、纠有尺度，全面规范学生行为习惯和生活习惯等方面。围绕建立长效机制，扎实有效地贯彻落实学情会商制度、学生安全全员目标责任制度、师德考核评议制度、家长学校制度等12项育人基本制度，实现以制度建设促进工作提升的目的。针对教职员工，学校认真落实《教师发展性评价方案》，科学有效地评价教师日常工作，引导教师随时注意强化制度要求，鼓励教师自主发展。我们要求全体教职工做到：讲学习，学习教育理论和教学管理艺术，切实提高业务素质和师德修养；讲师德，规范教育教学行为，着力解决有损教师形象的师德行为；讲责任，增强职业使命感和社会责任感，自觉履行教书育人的神圣职责；讲奉献，发扬求真务实、拼搏奉献的精神，以崇高的职业情怀教好书、育好人，树立教育的良好形象。在制度的约束下，全校凝心聚力，形成一个民主、团结、奋进的整体，推动学校工作健康可持续发展。

（七）强化管理，保障学校高效有序运转

业精于细而成于管。真正的管理是以人为本的管理，需要用真理的力量、道德的力量、情感的力量，将外在规范要求内化为基本素质。我们制定了《羊口中学创先争优奖励办法》，力求常规工作寻突破、重点工作抓提升、创新工作抓切入。推行目标管理机制，从校级领导、中层干部、班主任、任课教师四个层面分别建立制度，明确任务，将学校日常工作落实分工，责任到人，建立起了相关的评价机制和奖惩制度，强化工作执行力，引导广大干部教师履职尽责，积极主动、创造性地开展工作，营造了严谨、健康、和谐、有序的管理氛围。突出"为了一切孩子，让每一个人都获得成功"的育人理念，以发掘潜能、促进人的个性和谐发展为宗旨，推行学生成长导师制，建立起全员育人、全程育人、全面育人的立体式育人体系。落实一线工作法，通过全体学生家长通话法、八类群体学生家访法、问题学生访谈法、教师妈妈帮扶法，温暖学生心灵，助推学生健康成长，努力办好人民满意的教育。

（八）搭建平台，激活教师发展的内驱力

幸福感是工作的源泉。我们不断改善教师工作环境，提高教师幸福指数，让教师在愉快的氛围中工作，在幸福的环境中育人。一是创造发展机会。组织干部教师到昌乐二中等名校参观学习，开阔视野，更新教育理念。补贴教师订阅专业书刊，激励教师爱学、乐学、善学，做一名研究型教师。实施"青蓝工程"，加强对青年教师的培养和指导，为青年教师的成长铺设快车道。开展高效课堂大比武，通过观摩、赛课、评课、研讨等形式，提高教师驾驭课堂的能力，调动全体教师争先创优的积极性，让教师真正体验到成功的快乐、工作的幸福。二是关注身心健康。举行球类比赛、文艺汇演、趣味运动会等有益的文体活动，丰富教职工文化生活，激发教职工蓬勃向上的精神。每年组织教职工免费体检，建立教师健康档案，体现一种无处不在的关心与温馨。三是注重人文关怀。走进教师心灵，倾听教师心声，征求教师对学校工作的合理化建议，切实为教师解决在工作、生活中的困惑和难题。开展"教师生日送祝福"活动，每逢教师生日，送上一份生日礼物和祝福，让教师能够感受到家的温暖，使幸福意识大大提升。

学校本着对学生人生负责的责任心和使命感，坚持走理性、健康、创新式的发展道路，用心为学生积蓄成才的力量，全面深化素质教育，着力打造优质教育品牌工程，打造师生幸福成长、和谐发展的精神乐园。

建设三支队伍，为优质教育夯实基础

羊口初中以团结和谐、自强不息、敬业奉献、求实创新的红柳精神为指导，努力打造三支队伍，为优质教育奠基。

一、建设一支求实创新的教研组团队

（1）加强教研组长、备课组长队伍建设，逐步形成有效的聘任、使用、培养、考核、奖惩办法，真正发挥他们的教研带头作用。实施教研组长负责的学校同科大教研、各级部备课组长负责的同科小教研。学校全体干部教师每周进行一次教学反思，在总结中激励提升，在反思中进步成长。

构建"一二三"教研模式。

坚守一个理念：问题导向。

遵循两个结合：教研组教研与备课组教研结合；常规教研与专题教研结合。

夯实三个环节：个人初备、集体研讨、借鉴完善。

（2）继续抓好外学内研，走出去，请进来。通过多种渠道和平台，增加学校教师向专家学习、和同行交流探讨的机会，接纳和吸收当前教育教学发展过程中的新观念和新思想，加强教师培训，促进教师专业成长。

（3）备课组教研，我们称为"小教研"。同年级备课组教研是学校有效教研的核心，每周一次，重点教研的核心内容是：单元、章、节、课时的目的和要求；重点、难点、疑点、关键点；作业或练习；教学过程的组织和教学方法的选择；统一进度，相互取长补短，共同提高；做好学科的复习、质量分析工作。其特点是人员容易集中、探讨的话题一致性强。教研组教研，我们称为"大教研"。两周一次，主要工作是制订学期教研组计划，传达上级教研精神，组织指导教师听课、观摩课等活动。做好以老带新工作，充分发挥老教师传帮带作用，加速培养新教师和青年教师。

每月举行一次成长论坛，由教导处及教研组确定在课改过程中遇到的难点作为辩论的主题，提前下发主题，让教师有更多时间结合自己的教学实际来做好准备，提出解决问题的方法和途径。例如，导学案的有效设计究、小组合作探究、学生展示注意事项、教师课堂评价机制等。

（4）教学反思。学校专门定制了白板，要求每周一教师撰写一篇教学反思。针对一周工作中出现的问题、整改的措施和计划，写得清楚明白。教师的自我反思，对自己行为进行思考、审视、分析，有助于教师理性地认识自己。大力倡导教学案例反思随笔的撰写，并作为教学常规检查的重要内容。

（5）抓好听评课活动。学校每学期进行一次课堂教学大比武，评委组由各教研组长、备课组长担任，干部包靠各学科教师参加进行。听课前教研组长分工确定好各教师听课的评价纬度，避免课堂观察的随意性；听课采用走动式听课，便于观察老师与学生的课堂行为；评课做到随听随评，可以在走廊、备用教室、办公室等，但绝不拖后，评课侧重对教师存在的问题提出意见及建议。扎实开展的听课、评课活动，有效促进了教师业务水平的提高。

二、建设一支自强不息的青蓝团队

成立羊口初中青蓝工程红柳学院，设置青年教师个人成长档案，制定骨干教师、青年教师培养目标，研究教师培训措施，建立培训体系。创造促使优秀人才脱颖而出的环境和机制，使教师在实施教育教学课程改革中起骨干和推动作用，带动学校教师队伍整体素质提高。学校组织开展"导师示范课"和"青年教师汇报课"活动，切实提高了新教师的业务技能水平。

三、建设一支无私奉献的班主任团队

（1）完善班主任队伍，实现全员育人的新目标。学校倡导的精细化管理，其核心内容之一就是实现全员育人的工作目标。为此，要彻底打破传统的班级管理就是班主任一人之责的错误思想，充分发挥班组任课教师的辅助教育功能，在整个教师层面上开展班主任岗位培训，使全体教师能够具备一定管理学生的能力，为每位教师提供见习或实践班主任的机会。一方面让其他教师与班主任结对子，参与班级的管理；另一方面让教师参与学校举办的上岗培训班，接受系统的理论培训，并以此作为任课教师教育能力考评的内容之一。这样不但能激发全体教师从业班主任岗位的积极性，还能使教师在班组更好地开展工作，充分发挥班组的教育合力作用，从而形成人人都是德育工作者的新局面。

（2）完善计划，组织培训，共同提高。班主任要不断加强理论学习，创新管理艺术，与时俱进，积极适应新形势下学生教育的新方法、新要求。定期组织召开班主任会，以及班级管理、学生管理研讨会，使每项会议都具有计划性、针对性和实效性，让班主任能够相互借鉴、相互促进，共谋发展，实现优质教育资源共享。这里既有优秀班主任的经验介绍，又有级部班主任之间的"一帮一"合作过程；既有优秀班主任的班会引领，又有年轻班主任的新班会汇报。定期组织班主任参加上级组织的各类培训，请教育专家到校举办讲座，提高班主任的理论水平和业务能力。开辟网上班主任论坛，组织班主任在校园网上交流、学习。组织班主任开展学生管理课题研究，以班组为单位组织实施。以此激发班主任自我学习的内在动力，促进班主任专业能力的提高。

（3）家校沟通，共同参与，形成教育合力。学生管理离不开家长的协助和全方面支持，家长的文化素养、教育思想和教育能力直接影响班级的管理。为此，学校要定期组织召开家长会、定期开放家长学校、定期组织家庭教育专家报告会、定期发放家庭教育材料等，提高家长的教育能力，为班主任在班级能够顺利开展工作铺路搭桥。各班也要定期开展班级家长委员会，在家长委员会的参与下，完善班级管理的各项制度，充分发挥家委会的社会功能，协助班级开展各种德育实践活动，提高班级的管理效能。

第五章　构建和谐校园，提升学校管理内涵

构建高效管理生态，提升学校内涵品质

羊口初中坚持以创造适合学生的教育为目标追求，以"像红柳一样成长"作为核心办学理念，本着在发展中求稳定、求突破的工作思路，在管理过程中把常规抓好，把细节抓严，把过程抓实，以管理出效益，引领学校和谐发展，追求卓越；引领教师享受教育，超越自我；引领学生快乐学习，幸福成长。

一、构建立体联动管理网络

我们实行垂直管理与平行管理结合的方式，构建了立体联动管理网络，以党支部、校委会下联教师发展中心、学生发展中心、总务处形成三线，副校长工作室与三个级部相连，围绕"教育教学"这一中心开展工作，形成了"三线三体一中心"的立体网络。推行目标管理机制，从校级领导、中层干部、班主任、任课教师四个层面分别建立制度，明确任务，将学校日常工作落实分工，责任到人，建立起了相关的评价机制和奖惩制度，强化工作执行力，引导广大干部教师履职尽责、积极主动、创造性地开展工作，营造严谨、健康、和谐、有序的管理氛围。我们围绕精细管理

的策略制定了规章制度汇编，内容包括课程管理、常规管理、教学研究、德育工作、学生习惯养成、安全工作等，在明确责权的基础上抓落实。

二、强师工程提升内涵素养

"内在有张力，潜在有魅力，外在有活力"是学校队伍建设的目标，我们大力架构发展平台，不断激活教师发展的内驱力。开展好读书活动，为教师订阅专业书刊买单，鼓励教师读书学习，提高自身内涵素养。外培和内训两手抓，组织教师外出学习，邀请专家名师培训指导，打造教师的专业底气。加强青年教师培养，举行"青蓝工程"师徒结对活动，促进青年教师成长。搭建各种舞台，通过导学案设计比赛、高效课堂大比武、专题教研沙龙等途径，积极推介骨干教师和教学能手，让教师享受到专业成长和事业成功带来的喜悦、幸福。

三、精准评价提高激励效能

我们对教师评价的指导原则是：以精准的评价激发内心活力。依据各级教学评估标准，我们修订完善教师发展性评价方案，落实涵盖静态与动态的多元评价机制，力求常规工作寻突破，重点工作抓提升，创新工作抓切入，促进工作水平整体提高。结合学校工作实际，提出教师动态考核意见，从考勤、工作态度、工作业绩到学生管理等方面记录下教师工作的全过程，每位教师工作中的点滴成绩都要在考核中得以体现，从形式上由原来的"一锤定音"式的评价转变为多元综合评价；从内容上由原来的单纯量化评价转变为量化与质性评价有机结合；从评价目的上由原来排队式评价转变为促进教学工作水平整体提高评价。

四、暖心关怀铺筑"幸福快车"道

我们积极探索人文管理新路，努力提升教师健康水平和职业幸福指数。一是关爱行动。开展"教师生日送祝福"活动，建立教师生日档案，每到教师生日，学校都送上一份生日礼物和温馨祝福。利用座谈会、问卷调查、校长信箱等形式，倾听教师心声，想方设法解决教师在工作、生活中的困难。每逢教师生病、家中婚丧嫁娶等，学校安排专人或慰问或祝贺，把温暖和关爱送到教师的心坎。二是健康工程。关注教师身心健康，坚持每年为教职工进行一次体检，并建立健康档案，加强教师职业病的防治。推行教师"健康积分制"和"体育活动菜单制"，倡议教师每天坚持户外体育锻炼，参加跑步、跳绳、篮球、舞蹈等活动，每位教师可根据自身的身体状况和兴趣爱好，选择自己喜爱的健身项目。同时，通过举行艺术节、教职工趣味比赛、师生运动会等文体竞赛，丰富教师的课余生活，增强教师的职业幸福感和团队凝聚力。

推进扁平化管理，助力高质量发展

管理是质量的保障，创新是进步的灵魂。由于学校规模不断扩大，师生人数快速激增，传统的管理模式无法适应学校的超常规发展。实现学校管理的扁平化成为解决这一问题的不二法宝。学校拥有学生1100余名，教职工100余名，学校推行年级部管理，通过良性竞争推动学校教育教学工作的开展，并实现教育教学工作的全面突破。

一、级部体系，更新管理模式

学校的发展带来办学规模的扩大，而学生的增加又使学校管理的压力逐渐变大。实行低重心管理是缓解学校管理压力的有效途径，是发展优质教育的必行举措。学校确定"管理重心下移，领导工作下沉"的"低重心管理"思路，即实施以级部主任为核心的级部管理负责制，改变"火车跑得快，全靠车头带"的传统管理模式，以此来实现学校管理模式的全面更新。

学校在每个年级成立年级部，设立级部主任。在日常教育教学工作中，级部主任处于全年级管理的中心地位，对年级部的整体工作全面负责。学校从教学一线遴选业务素质高且教学成绩突出的级部主任，他们都具有很强的组织、管理及协调能力。

一个年级部的班主任和任课教师由级部主任在竞聘上岗时聘任。在学校职能部门的指导下，年级部主任在这些教师中再任命各学科组组长，并安排组长负责组织本学科的具体教学工作。对于本级部各班主任和任课教师的选拔，级部主任也遵循重师德、看能力、讲成绩的原则，并依照年级平衡的顺序进行教师的选拔。

实施级部主任负责制使年级部具有了相对独立的管理权，有利于本年级教育教学任务的统筹安排。各位年级部主任结合以往的工作经验对教学工作进行管理，使工作更因地制宜，符合实际。实施级部主任负责制，简化了学校各处室职能，其只负责对各年级部的工作进行指导、监督、协调和评估，能够将本职工作开展得有的放矢。学校则通过处室管理级部或直接抓年级部，做到宏观调控、运筹帷幄。

实施级部主任负责制的改革实践是对传统管理体制的一次重大改革，它创造性地发挥了年级部的团体作用，变个人激励为整体激励，使学校管理走向精细化、科学化和规范化。

一系列既相互独立又紧密联系的竞争链使学校的教学工作处于高效运转的竞争网中。教学工作各环节展开的良性竞争激发了教师个体的竞争意识，推动教学工作的动态运行。严密完整的竞争网络是对以往线性教学模式的颠覆，为实现教学工作的动态运行提供了动力保障。

学校通过科学公正的评价体系引导教师打团体战。在教学评价中，学校关注个人成绩的同时，更多地重视团体成绩，如重点研究分析平行的级部之间、学科组之间、班级之间成绩的差距，并督促提高。良好的合作导向使学校形成众多"心往一处想，劲往一处使"的"小团体"，在团结协作中良性竞争。

合作是基础，竞争为手段。以"双轨制动系统"为主线的教学质量竞争模式可以极大地调动教师工作热情，使教学活动随时充满生机与活力。学校引导教师在合作中竞争，在竞争中合作，这种不断的借鉴与超越成为学校教育教学工作的创新动力源。

二、环环相扣，实现动力运行

管理的创新使得学校各方面工作实现动力运行，逐步形成科学规范的决策系统，各处室、年级部相互配合支持的执行系统，由教育处、教务处、课改处等落实的开放式监督系统，学校校长行政办公会、处室例会、级部例会有机结合的反馈系统。通过这四个动力系统，学校各项工作犹如装上了动力装置，实现高速、高效运行。

第一，制订计划，展开目标。一切管理活动都围绕着如何实现管理目标而展开。学校管理的首要内容就是制定切实可行的目标，并以此引导、激励全体师生员工出色地完成教育教学任务，从而获得办学的成功。

学校确定总目标，年级部在执行过程中把总目标分解为阶段性的子目标。因此，学校的管理思路成为学校前进的方向标，起到引领作用。学校在紧紧把握方向的同时，不断鼓励和激发各部门、各员工的积极性。此外，学校建立良好的导向机制，确保目标的顺利达成。学校采取"公开岗位、双向选择、平等竞争、择优聘任"的竞聘制度，使教师能够找到适合发挥自身作用的岗位，形成"事事有人管，人人有事做，人人愿做事，事事能做好"的运行机制。

第二，定责授权，层层落实。各年级部主任全权负责本年级的教育教学和其他方面的管理工作，实行教育教学的全过程跟踪，强化过程管理。各年级部在业务上接受各处室的领导，而在具体工作中可根据本年级的具体情况创造性地开展工作，年级部在职、权、责、利上有较大的自主管理空间。

在各处室的指导下，年级部主任领导本部门人员，建立以班主任为核心、以学科组长为主力的教学管理框架。班主任主要负责管理班级日常事务，而学科组长主要负责本学科教学工作的安排与开展。在层层的管理体系下，学校教学工作得到层层落实，有条不紊地高效运行。

第三，检查监督，及时调控。学校将部分教学执行职能和教学质量监控职能从教学管理部门分离出来，划归到各年级部。年级部将这些权力下放到各学科组长手中，在教务处的指导下，由组长统筹安排教学进度、教学内容、教学方式等具体的教学环节与步骤。这样，固定的教学计划转化为灵活的教学统筹。各级部以教研组为核心，以教研会为平台，以教学过程为终极目的的动力系统全面启动，极大提高了教学效率与教学质量。教学的决策、执行、监控三个子系统的有机融合成为年级部内各学科组运行的不竭动力。

第四，考评成果，总结提高。在教学管理评价中，学校以每学期各次考试成绩为依据，教务处统计分析同年级平行级部、平行学科、平行班级、平行教师之间的差异。在班级管理评价中，学校以每周、每月、每学期的学生管理情况为依据，统计分析各班主任管理工作的差异。此外，学校对教师教学常规行为以及在学生评教中对教师的评价都做统计，这将成为教师考核的依据。这样的考评既注重了个体，又注重了群体；既注重了过程，又注重了结果，做到了分层考评，点面结合，公平公正，增强了教师的竞争意识，调动了教师的工作积极性。

通过以上四个环节，学校以整体优化和整体推进来协调各部门之间的关系，使教育教学管理成为一个动态的系统，不断向新的高度迈进。

新的管理模式为学校带来了勃勃生机，更创造出骄人的业绩。这一制度的实施为学校教育教学工作装上了"动力装置",使学校各部门、各员工都处于动力系统中,从而发挥出各自的最大潜能。

三、深化扁平管理,发挥处室功能

扁平化、低重心的学校管理模式因权利下移、反应快速、责任承包的特点,在学校管理中发挥了积极作用。为了更科学、高效地处理好年级组与各处室的关系,解决部门间越位、错位、空位、叉位等现象,明确各部门各管理单元责、权、利的制约与平衡,制定如下制度。

(一)"年级组"与"处室"人员组成

年级组由一名副校长、两名处室主任、三名级部主任组成部门管理机构。年级组实行主任负责制,副校长兼任年级主任,负责年级组全面工作。年级副主任分别主管年级德育、教学、安全等工作。每个年级下设三个级部和各学科备课组。各年级聘用三名级部主任并对校长和副校长及年级负责,具体落实教育教学、德育、安全、后勤等方面的日常管理工作。

学校教导处、政教处、总务处、教科处等部门继续存在,一套人员,两套班子,继续发挥处室功能和年级管理工作。各处室职能工作由学校综合办公室负责协调分解到各年级。实行副校长负责制,直接对校长负责,部门设主任一名。"校长办公室"可由一名主任负责,对校长负责。

（二）"年级组"与"处室"之间的关系与职责，年级组与各处室处于同一层次

各处室职责。

1. 管理职责

独立开展部门工作，执行校长与部门决策，安排相关的年级组工作，开展全校性活动（主要指不便被年级组分割执行的工作，如跨年级性的工作等），由综合办协调分解执行，以弥补由于年级组的块式管理造成的管理真空。

2. 指导、服务职责

随着管理权力下移至各年级组，各处室不应过多干预年级组工作，但要做好各年级的参谋，要及时为各年级传达上级信息，深入到教师、学生中了解情况，提出具体的指导性意见，为年级组提供必要的服务。

3. 监督、评价职责

学校组建由一名常务副校长负责的综合办公室成员组成的考评小组，根据学校对年级组的考评要求，对年级组进行监督与评价。

年级组职责。

1. 管理职责

开展年级组的教学和德育工作。落实各处室安排布置的各项工作，完成学校下达给年级的教育教学目标、管理任务。

2. 人事安排与评价职责

根据学校的总体人事分工安排，具体安排教师的任教班级、科目，任命各班班主任，聘任备课组长。具体负责本年级任课教师、学生和班主任的管

理。对教师的各类评优、评先，评职晋级，绩效奖金分配等具有考评权。

（三）学校管理要环环相扣，实现动力运行

1. 制定方案，展开目标

学校确定总目标，年级在执行过程中把总目标分解为阶段性的子目标，采取"公开岗位、双向选择、平等竞争、择优聘任"的竞聘原则。教师能够找到适合发挥自身作用的岗位，形成"事事有人管，人人有事做，人人愿做事，事事能做好"的运行机制。

2. 定责授权，层层落实

各年级主任全权负责本年级的教育教学和其他方面的管理工作，实行教育教学的全过程跟踪，强化过程管理。各年级在业务上接受各处室的领导，在具体工作中可根据本年级的具体情况创造性地开展工作。在各处室的指导下，年级主任领导本部门人员，确立以班主任为核心，以备课组长为主力的教学管理框架。班主任主要负责管理班级日常事务，备课组长主要负责本学科教学工作的安排与开展。

3. 检查监督，及时调控

年级是学校教学和管理的战斗队，各处室职能部门是指挥部，综合办是协调年级与各处室部门的神经中枢。德育、教育教学、安全、学生评优树模、各项政策的落实等工作由年级具体负责实施。

4. 考评成果，奖优罚劣

学校综合办每学期对年级、各处室完成目标情况点面结合、分层考评。综合办统一组织月考、期中、期末考试及成绩分析，各年级根据教师的教学常规行为、学生评价等要素，对教师进行，将级部、备课组、班主任、任课教师进行量化管理和考评，并将考评结果上报校务办公室，全校进行联评，作为年终考核、职称晋升、评优树模、绩效工资发放的主要依据。

（四）处理好年级教学管理与学校教研的关系

年级教学管理与学校教研引领并重，年级组对教学管理要充分发挥备课组长的职能，年级组主抓教学管理，备课组主抓教学研究，备课组长统管学科教研，促进教师专业成长和学校课堂教学水平提升。年级组要督促备课组长抓好年级教学管理、教案检查、听评课、课堂教学改革等教学指导工作，以及集体备课、上课、作业批改、单元检测、考试等教研活动。对于年级管理与备课教研全校上下一盘棋，全面推进课堂教学水平和教师专业水平的提高。

（五）开好四个会

处室的条式管理、年级组的块式管理需要建立良好的协调与沟通机制。学校主要开好以下四个会。

第一，校长办公会议。由校级领导定期召开的会议，该会议主要讨论解决全校性的问题，从全校角度安排处室、年级组工作。

第二，行政办公会议。每周由全体行政参加的会议，主要讨论、协调各部门工作，总结、布置各部门工作。

第三，部门会议。主要包括：年级组召开的级部主任会议、备课组长教研例会、班主任会议、年级教师会议等，处理、解决部门问题，传达上级部门精神。

第四，全体教职工会议。由全体教职工定期参加，主要解决全校性问题的会议，也是凝聚人心、形成共识，教师集体学习的会议。

各类会议以解决问题为第一要务，一般原则是：没有形成书面的问题，一般不讨论；没有紧要问题的会议，尽量少召开；会议注重实效性，尽量减少入会人数、会议时长。

四、以"年级组"为代表的扁平化管理策略谈

目前，许多学校在学校组织管理结构上，对"扁平化、低重心"的以"年级组"与"处室"相结合的管理模式情有独钟，打破了传统的"金字塔式"管理模式。这种模式以其权利下移、反应速度快、责任承包为特点，在大型学校的管理中发挥了一定作用。

但在具体运作过程中，许多学校并没有处理好"年级组"与各"处室"的关系，重了"年级组"，轻了"教导处""政教处"与"总务处"，部门间越位、错位、空位、叉位等现象比较明显。在新的管理模式下，它们之间到底是一种什么关系？责、权、利应当如何制约与平衡？原有的部门负责人又该如何定位？这是实行以"年级组"为代表的扁平化管理的学校必须面对与解决的问题。以下策略仅供参考。

（一）"年级组"与"处室"人员组成

年级组由一名副校长、一名主任、两名级组长组成部门管理机构。年级组实行主任负责制，副校长协助管理年级，两名级组长一人分管教学，一人分管德育。主任对校长和副校长负责。年级组下设班级、年级科组。

处室主要包括教导处、政教处、总务处等部门。各部门实行副校长负责制，直接对校长负责，部门设主任一名。"校长办公室"可由一名主任

负责，对校长负责。

（二）"年级组"与"处室"之间的关系与职责年级组与各处室处于同一层次

各处室职责。

1. 管理职责

独立开展部门工作，执行校长与部门决策，安排相关的年级组工作，开展全校性活动。此处的全校性活动主要指不便被年级组分割执行的工作，如跨年级性的工作等，以弥补由于年级组的块式管理所造成的管理真空。

2. 指导、服务职责

随着管理权力下移至各年级组，各处室不应过多干预年级组工作，但要做好各年级的参谋。要及时为各年级传达上级信息，深入教师、学生中了解情况，提出具体的指导性意见，为年级组提供必要的服务。

3. 监督、评价职责

学校组建由校长牵头的各行政成员组成的考评小组，根据学校对年级组的考评要求，对年级组进行监督与评价。部门评价可占量化评分的1/3左右。该分值与年级主任的评优、续聘直接挂钩。

年级组职责。

1. 管理职责

开展年级组的教学和德育工作。落实各处室安排布置的各项工作，完成年级教育教学目标任务。

2. 人事安排与评价职责

根据学校的总体人事分工安排，具体安排教师的任教班级、科目，任命各班班主任，推荐科组负责人。对教师的各类评优、评先，评职晋级，绩效奖金分配等具有考评权。

3. 财务职责

按照学校财务预算方案，年级组具有一定财务的安排使用与分配权力。

以差异教学为引领的探究之路

进入新的时代，教育公平、公正、质量和效益已经成为义务教育阶段着力研究的主题，推进义务教育优质均衡发展已经成为办好人民满意教育的重要标志，以及农村教育实现又好又快发展的一项重要的科研课题和创新途径。

寿光市羊口初级中学作为一所农村学校，生源由乡村三大片区组成，因地域广泛、人数众多、生源复杂、流动性强，学生的学习基础、个性特征及学习能力也有所不同。如何创建适合每一名学生的教育？学校积极探索差异性教学策略的实践研究，取得了显著成效，全面提高了教育教学质量。

一、"差异发展"就要从总体设计上做起

差异是指学生具有的不同的智能强项及学习水平。差异教学在教学目标、设计、方法策略、评价等全方位实施有差异的教学，促进学生的全面发展。学校围绕"一切为了学生、一切服务于学生"的理念，实现了教育教学的创新发展。

一是建立走班制教学。关注学生的不同特点和个性差异，发掘每一名学生的优势潜能，推进分层教学、走班制、学分制、导师制等教学管理制度改革。学校从尊重学生智力特点出发，从学生个体差异性角度出发，制定不同的教学内容、教学方法，采用不同的教学手段，使每一名学生都能得到全面发展。

二是实施因材施教。这种教学思想根据学生的性格特点和学习能力的差异性，决定了教师应当采取迥异的教学方法，从而使学生获得良好的发展。

三是"最近发展区"理论。是指每名学生都有两种发展水平：现有发展水平和潜在发展水平。在现有发展水平和潜在发展水平之间还有一个区域，称为"最近发展区"。只有协调好现有发展水平和潜在发展水平的差异，才能激励学生更好地发展。因此，实施学科分层走班教学更好地促进了学生的全面发展。

二、"差异发展"就要创新教育教学方法

教育创新就是育人手段的创新。羊口初级中学在研究中，根据各班、各科的研究基础，选定研究的侧重点，整合多方资源，协调有序地进行研究，促进全校师生共同发展。

差异性研究主要通过"两个层面、三条主线"开展。两个层面：第一层面侧重学生差异的基本结构和同质与异质学生不同的学习所需；第二层面侧重教师的教学方法和手段，根据不同的教学内容而有所不同，从而有效促进学生的差异发展。三条主线：课内外分层作业促进学生差异发展的策略研究；针对不同层次学生实施有效差异辅导的研究；构建有效差异评价体系，促进学生差异发展的研究。

研究目标是：研究学生在发展中的差异问题，实施差异发展教学策略，既能以长补短，又能各有所长，实现培养学生的创新精神和创新实践能力，实现教育公平的全新价值，为办好人民满意的教育打下牢固的基础。

三、"差异发展"就要铸就学校特色品牌

什么是学校的特色教育品牌？羊口初级中学的结论是：变"先教后学"为"先学后教"；变"教学相长"为"学导相长"，实现学生主体地位的回归。学生说，差异性发展让我们实现了"知识与能力""过程与方法""情感态度与价值观"的协调发展。

一是学生形成了良好的学习习惯和学习风气，提高了学生学习探究的热情，进一步调动了学生参与课堂的积极性。学生体会到自己是学习的主人，促进了学生自主生动活泼的发展。

二是课堂教学质量和效率显著提升。教师开展分层教学，让不同层次的学生都能学有所获，课堂教学变得更加有的放矢、目标明确、针对性强，从而提高了课堂教学的容量、质量和效率。

三是学校分层走班教学成为寿光市教学改革的响亮品牌。2017年，寿光市初中教学工作会在学校召开，其经验还在潍坊市初中双改联盟经验交流会上向全市推广。

学校连年获得"寿光市教育教学质量先进单位""市首届企业联盟教书育人基金特色学校项目奖""市特色学校培育学校""市特色学校项目学校"等多项荣誉称号，学校的经验在《中国教育报》《大众日报》《山东教育》等多家媒体被报道，引起了社会各界的广泛关注和赞誉。

差异教学及其教学策略的实践研究

一、课题研究的背景

随着信息技术的不断发展，社会发展的进程越来越迅速，社会结构也变得更加多元化，导致中学生的生活经验、阅历和背景差异显著，学生之间的差异也越来越明显。在教育教学活动中，学生的个体差异体现在以下几个方面：学习成绩、学习习惯、学习效率、兴趣特长、生活阅历等。教师在教育教学活动中，应充分考虑学生个体实际存在的差异，从而满足各个学生的学习诉求。在传统的教学模式下，教师对所有学生不论差异地统一教学，普遍的教学结果就是，有能力的学生"吃不饱"，能力较差的学生"吃不了"，导致前者的个人发展受到限制，而后者的生活学习负担过重。这些都不利于学生的进步和个人的完善。综上所述，现代教育教学所要解决的问题就是如何合理对待学生的个体差异，实现真正的因材施教。

进入21世纪，教育公平、公正、质量和效益成为义务教育阶段教育的主题，推进义务教育优质均衡发展成为和谐社会建设的重要内容。羊口初中作为农村学校，生源由羊口、杨庄、卧铺三大片区组成，因地域面积广大、学生人数众多、生源复杂，同时人口的流动性强，留守子女家庭、单亲家庭偏多，家庭教育的不足使学生的成长和个性发展受到影响，学生的学习基础、个性特征及学习能力水平均有不同，如何面对这种差异，寻找切实可行的办法，创建适合每一名学生的教育是摆在学校和教师面前的重要问题。为了切实解决教学要求的整齐划一性与学生实际学习可能的差异性之间的矛盾，让每一名学生都能在原有基础得到更好的发展，大幅度提升教育教学质量，学校于2016年1月开展了"差异教学及其教学策略的实践研究"，实施分层走班教学。

二、课题研究的总体设计

（一）课题的概念界定

差异是指学生具有的不同的智能强项及学习水平。差异教学是指尊重学生的个体差异，在教学目标、设计、方法策略、评价等全方位实施有差异的教学，促进学生在原有基础上得到充分发展。它将学生的个别差异作为教学资源加以开发，将其视为教学组成部分，在教育过程中，教师通过从学生不同的兴趣和风格出发，来设计差异化的教学内容、环节，以促进学生个性化全面发展。差异教学以班级教学作为组织形式，围绕"一切为了学生、一切服务于学生"的理念来实现教学的新发展。

（二）课题研究的依据及理论支撑

《国家中长期教育改革和发展规划纲要（2010—2020年）》指出要注重因材施教。关注学生不同特点和个性差异，发展每一名学生的优势潜能。推进分层教学、走班制、学分制、导师制等教学管理制度改革。

多元智力理论。哈佛大学教授霍华德·加德纳在脑科学研究的基础上提出了"多元智力理论"，多元智力观的内涵就在于考虑到学生智力的差异，以此为依据，发展学生的多元智力。因此，从充分尊重学生智力特点的角度出发，教师应该从学生个体差异性角度出发制定不同的教学内容、教学方法，采用不同的教学手段，使每一名学生都能得到全面发展，真正做到因材施教。

因材施教理论。因材施教是我国古代伟大教育家孔子提出来的教学思想。这种教学思想的主要内涵是个体之间天然就存在着差异，根据学生的性格特点和学习能力的差异而决定了教师应当采取迥异的教学方法，从而使学生获得良好的发展。正是由于这些差异的存在，因此，教师应根据学生的差异采用不同的教学手段，使各个层次的学生在学习过程中都得到应有的发展。

"最近发展区"理论。维果茨基提出的"最近发展区"理论的主要观点是：每名学生都有两种发展水平：现有发展水平和潜在发展水平。学生独立完成学习任务所能达到的效果是现有发展水平，在教师的辅导下所能达到的水平是潜在发展水平。维果茨基发现，在现有发展水平和潜在发展水平之间还有一个区域，称为"最近发展区"。从这个理论可以得知，学生的个体差异是因为两个发展水平的差异才产生的。只有协调好现有发展水平和潜在发展水平的差异，才能激励学生更好地发展，收获更好的教学效果。教学的目的就在开发"最近发展区"，使其达到现有发展水平，并且不断开发更多"最近发展区"，从而持续促进学生发展水平的提高。在这种观点的引导下，实施学科分层走班教学可以促进已有学生的现有发展水平向潜在发展水平过渡，从而促进学生不断发展。

（三）课题研究的思路与方法

该研究是学校各学科的协作研究，因此在研究中，以协作为基础，分层并进，立足以班级为焦点的多层沟通，从文献研究、调查研究入手，整体思考研究内容，分工落实研究任务。根据各班、各科的研究基础，选定研究的侧重点，整合多方资源，协调有序地进行研究，逐步达成研究目标，边研究边总结，边总结边修正，把好的经验推广到全校，促进全校师生共同发展。

本课题的研究主要通过"两个层面，三条主线"开展。两个层面是："学生差异发展的基本结构及不同学生学习需要类别"的研究，和"构建差异发展教学有效的教学活动方式"的研究。第一层面的研究侧重学生差异的基本结构和同质与异质学生不同的学习所需，在承认差异的基础上利用好学生差异并寻找如何发展学生差异；第二层面的研究侧重教师在对所教班级学生摸清差异结构与分布的情况下，教师的教学方法和手段应该根据不同的教学内容而有所不同，并针对不同学生"对症下药"，同样的教学内容、教学时间，应该针对每名学生的智力特点、学习类型和发展方向"对症下药"地进行。也就是说，采取适合各阶层的学生合理有效的教学方式，从而有效促进学生的差异发展。三条主线是：课内外分层作业促进学生差异发展的策略研究；针对不同层次学生实施有效差异辅导的研究；构建有效差异评价体系，促进学生差异发展的研究。

以行动研究为主，结合文献研究、调查研究、案例研究等方法，采用课堂观察、记录、分析以及对话交流、深度访谈等技术手段，根据不同的研究对象、研究内容选择最合适的方式、方法展开研究。

（四）课题研究目标

在承认学生差异和差异发展客观性的前提下，研究学校学生发展中的差异问题，采取有效的教学措施，尽量缩小学生发展的差距。

实施差异发展教学策略，张扬学生的个性与特长，既能以长补短，又能各有所长，从而培养学生的创新精神和创新实践能力，实现教育的公平及其价值。

（五）各阶段工作安排

1. 准备阶段

广泛学习差异教学理论，收集资料，酝酿并初步制定研究方案；开展个体差异教学方法的讨论；建立、健全科研组织机构；完善学校的科研管理制度和指导制度；对研究方案组织论证、申报、完善，进行开题。

2. 探索、研究与实践阶段

做好前测，收集积累个案和其他有关资料，组织进行整理与保存工作，定期开展分析讨论活动，撰写调查报告。开展调查研究，分析实践研究前后的对比测试，制定学生个体差异教学策略的中期研究方案。对研究进行阶段性分析，总结经验，写出相关的小论文和中期研究报告分析存在的问题，及时调整相关内容和方法，完善科研计划工作。

3. 总结提高、推广运用与结题阶段

收集整理实验资料，总结研究效果，探索出实施差异教学的教学模式和教学方法。形成与之配套的案例、反思、个案研究、论文，写出实验研究报告，请专家指导评鉴。

三、成果主要内容

外学内研,提升教师水平,强化差异教学策略。观念改变是教学改革的前提。本年度,学校除进行多次差异教学培训外,同时组织教师分批到世纪东城校区、洛城教办等学校参加同课异构和大教研活动。通过外出交流学习,不仅学习全市优秀的教学管理经验,而且开阔了视野,增强了提升教学质量的信心和决心。开展"师徒结对"和"青年教师课堂教学展示"活动,提高教师的业务技能;举行"一人一堂课暨课堂教学大比武"活动,全体教师参与授课、同科评课议课过程,对课堂进行交流研讨,从而达到共同提升进步的效果。加强教师合作探究,形成研讨氛围,实施教研组长负责的学校同科大教研、各级部备课组长负责的同科小教研、校长亲自主抓的反馈教研活动。强化评价和指导,强调教师之间的专业切磋、协调与合作,互相学习,同时在合作中受益,在交流中共同成长。学校全体干部教师每周进行一次教学反思,在总结中激励提升,在反思中进步成长。

家校合力,为差异教学策略实施护航。家庭教育具有学校及其他教育不可取代的特殊功能,它是学校教育的基础和延续。学校发放《致家长一封信》,分别召开学生动员会、家长动员会、教师动员会,取得家长的理解、支持,引领家长关注学生的学习,加强对学生的教育和指导。

实施分层走班教学,给学生最适合的教育。为解决学生学习基础、智力水平、学习习惯等参差不齐的现状,从"尊重学生个体差异,面向每名学生"的角度出发,学校在八年级数学和英语两科教学过程中,实施"分层走班教学"对比探索和实践，从中摸索出一些改进的措施和成功的经验。根据学生知识结构、能力优势和学习需求的不同，按学科将学生划分为基础层和提升层。学校的分层走班教学不打破原有的行政班级，也不改变原有的班主任，是在分层走班科目学习时，按各自的学习能力和水平程度到不同的班去上课，既照顾了学生的发展差异，又人为地消除了智力歧视，尤其基础差的学生在"寓教于乐"的教学过程中更容易被教师肯定和表扬，从而找到自信，对学习产生兴趣。

在课堂教学中，教师充分考虑不同学生的需要，根据课程标准的基本要求和学生学习实际，对学生因材施教，选择合适的目标、内容、方法，优化教学设计，充分调动学生学习能动性，让每一名学生在每一节课都能充分学习并有所收获。

参 考 文 献

[1] 王枬, 王彦. 教育叙事：在实践中体悟生命[J]. 教育研究, 2005（2）.

[2] 王彦, 王枬. 教育叙事：从文学世界到教育世界[J]. 全球教育展望, 2005（4）.

[3] 张晓乐. 框架理论视野下的道德叙事[J]. 全球教育展望, 2005（4）.

[4] 黎加厚. 信息时代的教育叙事与教师主体意识的觉醒[J]. 中国电化教育, 2004（10）.

[5] 丁钢. 教育与日常实践[J]. 教育研究, 2004（2）.

[6] 丁钢. 我们如何做教育叙事？：写给教师们[N]. 中国教育报, 2004-10-21.

[7] 丁钢. 教育叙事：接近日常教育"真相"[N]. 中国教育报, 2004-02-19.

[8] 丁钢. 日常教育实践的意义[C]//中国教育：研究与评论. 北京：教育科学出版社：第5辑, 2004.

[9] 田静, 曹芳. 与项目一同成长：一位村中心完小校长的个案[C]//中国教育：研究与评论. 北京：教育科学出版社：第5辑, 2004.

[10] 丁钢. 教育经验的理论方式 [J]. 教育研究, 2003 (2).

[11] 刘云杉. 帝国权冲实践下的教师生命形态：一个私塾教师的生活史研究 [C] //中国教育：研究与评论. 北京：教育科学出版社：第3辑, 2002.

[12] 黄向阳. 学校春秋：一位小学教师的笔记 [C] //中国教育：研究与评论. 北京：教育科学出版社：第2辑, 2002.

[13] 丁钢. 教育叙述何以可能？[C] //中国教育：研究与评论. 北京：教育科学出版社：第3辑, 2002.

[14] 耿涓涓. 教育理念：一位初中女教师的叙事探究 [C] //中国教育：研究与评论. 北京：教育科学出版社：第2辑, 2002.

[15] 许美德. 现代中国精神：知名教育家的生活故事 [C] //中国教育：研究与评论. 北京：教育科学出版社：第1辑, 2002.

[16] 石中英. 知识转型与教育改革 [M]. 北京：教育科学出版社, 2003.

[17] 鞠玉翠. 走进教师的生活世界：教师个人实践理论的叙事探究 [D]. 上海：华东师范大学, 2003.

[18] 肖正德. 山村小学青年教师需要的叙事研究 [D]. 金华：浙江师范大学, 2003.

[19] 余丽. 反思性学习在教师专业发展中作用的研究 [D]. 广州：华南师范大学, 2003.

[20] 周勇. 论德育教育的叙事方式 [J]. 思想、理论、教育, 2004 (1).

［21］刘慧. 生命叙事的道德教育价值［J］. 思想、理论、教育，2004（1）.

［22］康永久，施铁如，刘良华. 教育叙事：来自广州的视角［J］. 教育导刊，2003.

［23］李明汉. 教师校本科研与教育叙事研究［J］. 中国教育学刊，2003（12）.

［24］韦桂美. 教育叙事研究：教育科研回归生活的方式［J］. 教书育人，2004（10）.

［25］Pittard，M.michele Developing Ientify：The Transition from Student to Teacher［C］. 2003-04.

［26］New prospects For Teacher education：narrative ways of knowing teaching and teacher learning［J］. Educational research，volume37 number 1 spring 1995.

［27］Coughlin，Mimi Teaching history：personal and public narrative［C］. 2003-04.

［28］The rationality of narrative inquiry in research and teacher development［J］. European Journal of teacher education Vol，24，No，1 2001.

［29］Coughlin. Mimi Life history influence on teaching united state history［C］. 2003-4.

［30］SHU SING WONG A Narrative Inquiry into Teaching of In-service Kindergarten Teachers:implications for re-conceptualizing early childhood teacher education in Hong Kong [J]. Early Child Development and Care, 2003, 173 (1): 73-81.